失われゆく国鉄名場面

1章 国鉄マンたちの「姿」

2章 思い出の国鉄型車両の数々

3章 駅で見かけた光景たち

4章　記録に残る鉄道施設

5章　失われゆく国鉄名場面

国鉄マンたちの「姿」

日本国有鉄道に勤務する職員は「国鉄マン」
と呼び慣わされた。駅や列車内で目にするそ
れぞれの職種にふさわしい、実用的ながらど
こか高潔さを感じさせる制服は、子どもたち
の憧れの的でもあった。公私にわたる職員た
ちの絆の深さは、「国鉄一家」とも称された。

ナッパ服姿の
鉄道員

由来は野菜の「菜っ葉」
支給品ではなく貸与品

　国鉄時代、蒸気機関車の機関士や機関助士、保線区員といった汚れやすい現業職場では、おもに青色系統の作業服、通称「ナッパ服」が着用されていた。由来は野菜の「菜っ葉」で、色が似ていること。さらに洗濯して使い込むとよれよれになってしまう様子がしおれた野菜にたとえられたという。素材は綿で、上衣とズボンに分かれたもののほか、つなぎタイプもあった。一番上のボタンを締めると詰襟、開くと開襟シャツ風になるため、気温に合わせられる柔軟性が好まれた。国鉄時代の正規品のタグには日付の欄の最後に「貸與」と明記されていた。職員は、ナッパ服がぼろぼろになって着られなくなった時点で、返却しなければならなかったのだろうか。

宮崎機関区の構内でC57形SLを誘導する
「ナッパ服」姿の職員　1968年1月6日
撮影／荒川好夫

電車に登り
前照灯を磨く

たんぱく質が多い虫の死体
乾くと除去しにくくなった

　遠目には赤とクリームのツートンカラーが鮮やかに見える特急形電車だが、間近で見ると高速走行中にぶつかってきた虫や鳥などの死体や血がこびりついて、案外汚れが目立っていたものだ。とくに夏場の夜間は、輝く前照灯やトレインマークに停車中はもちろん、走行中でも寄り集まってくる虫が多く、へばりつき具合がひどいと安全性にも影響することがあった。そのため、終着駅や途中の長時間停車駅などでは先頭車両のそばに待機していた職員がボンネットなどに上がって、前照灯やトレインマーク、フロントガラスなどを丁寧に清掃する姿がよく見られた。虫の死体には乾くと固まりやすいたんぱく質が多く含まれているため、除去しにくいものだったという。

東京駅9番線ホームで151系特急
「おおとり」の前照灯を磨く作業員
1961年1月1日　撮影／荒川好夫

荷物列車への積み込み

「マニ」は「ますます大きい荷物車」を示す形式称号

　高速道路が整備されておらず宅配便も盛んでなかった時代、長距離荷物運輸のほとんどは国鉄の荷物列車が担っていた。客車の車体に記されたカタカナは「形式称号」といい、2番目にあたる文字の「ニ」は荷物車の頭文字を由来とする。1番目の文字は客車の重さを表わし、重い順から「カ／マ／ス／オ／ナ／ホ／コ」と決められていた。「マニ」なら「重さ42.5t以上47.5t未満の荷物車」で、「カニ」なら「重さ47.5t以上の荷物車」を示す。由来は諸説あり、「コ＝小型」「ナ＝中型」「オ＝大型」などとされるが、「ス＝すごく大きい」「マ＝ますます大きい」「カ＝限りなく大きい」あたりの説になると、“まゆつば”としか思えない。形式称号は国鉄が1953（昭和28）年に制定した規定に準拠して付けられるが、由来までは明記されていない。

マニ36形荷物車に積み込まれる多くの荷物　常磐線隅田川（貨物）駅
1981年10月24日　撮影／荒川好夫

車内改札

タダ乗りは「サツマノカミ」
中抜きは「キセル」の俗称

　近年は自動改札機や車掌用携帯
端末の進化により、指定されたと
おりの座席に乗車していれば、車
掌やアテンダントなどによる車内
改札が行われることはほとんどな
くなった。しかし、かつては必要
なきっぷを購入しない無札（タダ乗
り）や、途中区間のきっぷを購入せ
ずに乗車駅から少額運賃のきっぷ
を購入し、下車駅では定期券を見せ
て改札を通り抜ける中抜きなどの
悪質な者も少なくなくなかった。国
鉄も減収につながるため、念入りな
車内改札を行ったことから「検札」
とも呼ばれていた。無札乗車は平安
時代末期の武将・平薩摩守忠度か
ら「サツマノカミ」、中抜きはたばこ
を吸うための煙管が、先端の雁首と
吸い口の間に挟まって煙を通す羅
宇は内部が抜けていることから「キ
セル」と俗称された

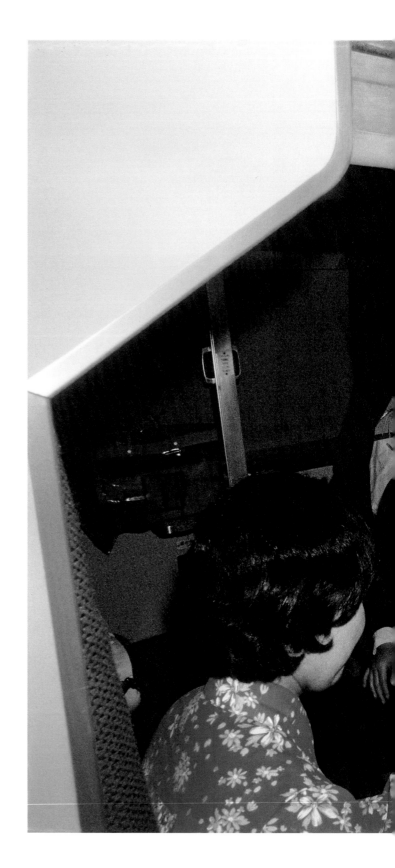

特急「富士」寝台車で車内改札をする
専務車掌　1979年11月20日
撮影／荒川好夫

レールの
湾曲を点検

機器による検査よりも
正確だった保線マンの目視

　保線職員の間では、"レールは生き物"といわれていた。気温の変化によって暑ければ膨張し、寒ければ収縮する。車両の車輪との摩擦によって擦り減ったり、場合によっては傷が付いたりひびが入ったりもする。レール自体に問題がなくとも、バラスト（路盤に敷かれた砕石）の締め固めが不十分だったり、枕木との固定状態が不完全だったりすれば、レール間の間隔がずれてしまったりもする。レールの状態が適正でないと、脱線・転覆といった重大事故を引き起こす可能性が高まってしまう。現在はレーザー光線の使用などにより、レールのひずみの有無などを点検・確認することも比較的容易になったが、かつては保線マンの目視に頼ることも多かった。古い時代の機器では見抜けなかったわずかなレールのひずみやひびなどを、一目見ただけで検知できる"保線の神様"などと称される熟練者も、それぞれの保線区に少なくなかったという。

レールの通り（ゆがみがないか）を点検する
保線職員　信越本線軽井沢駅
1977年1月11日　撮影／荒川好夫

トンネル内の
つらら落とし

現在でも機械化が難しく
ほぼ手作業のみで実施

　トンネルの内部は地質によって
は漏水が多い箇所もあり、気温が下
がりやすい寒冷地や標高の高い地
点ではつららとなって垂れ下がり、
走行中の車両に落下したり接触し
たりして損傷させたり、壁面などに
付着した場合には電気設備に悪影
響を及ぼしたりすることもある。そ
のため、冬場のトンネル内のつらら
落としは、保線職員にとって必須の
業務となっていた。つらら落としは
現在でも機械化が難しいとされる
保線作業のひとつで、基本的には長
い棒を持ち上げてはたき落すしか
手立てはない。内壁の下部などの結
氷は、つるはしなどでたたき崩して
運び出す。JR北海道などの調査に
よると、つららが発生しやすいトン
ネルは戦中・戦後まもなくの時期に
造られたものが多く、コンクリート
などの材質や施工方法の不完全さ
が影響している。また、つららは気
温が一定以上低下すると水の供給
部分が凍りつくことで、むしろでき
にくくなるという。

碓氷第18トンネル内のつらら落とし
作業を行う軽井沢保線支区の職員
信越本線熊ノ平信号場〜軽井沢間
1977年1月11日　撮影／荒川好夫

17

カンテラで発車合図を送る駅員

もとは石油燃料の
携帯灯火具
アンティーク品として人気に

「カンテラ」とはもともと石油を燃料とした携帯灯火具で、「燭台」を意味するオランダ語の「kandelaar」やポルトガル語の「candela」が語源とされる。国鉄では1920年代頃まで、燃料に灯油やカーバイド（炭化カルシウム）やアセチレン（炭化水素）を用いた金属製の手提げランプを、合図灯として使っていた。その後は鉛蓄電池で発光する電球と反射板が用いられるようになり、色違いのガラス盤を回転させて赤・緑・白色の光が切り換え表示されるように改良された。1970年代には正面カバーの凸レンズ化によって光がより遠くへ届くようになり、視認性が向上した。近年では省エネの観点などからLED光源への置き換えが進んでいる。一方で、円筒形の筐体の正面に反射板を取り付けた古いタイプの製品がアンティークコレクションとして人気を呼び、「国鉄カンテラ」などと称されてオークションに多数出品されてもいる。

カンテラを持ち乗務員に発車合図を送る駅員 根室本線新内駅 1966年8月7日
撮影／荒川好夫

信号機を点検

ポイントの方向を板の形と灯火の色で示した転てつ機標識

　線路のポイント（分岐器）部分がどちらの方向に開通しているのかを乗務員などに示すため、転てつ機（ポイントの進路を変更する装置）にはそれぞれ「転てつ機標識」が付設されていた。ポイントが通常向けておくことが決められている位置・状態を「定位」、反対の位置状態を「反位」という。反位が必要とされる操作が実行された後は、必ずポイントを定位に戻しておくよう定められている。転てつ機標識は信号と同じく重要な設備で、普通転てつ機標識の場合、定位は「青字の円板に白い横線」とされ、夜間はさらに青色灯を灯した。反位の場合は「橙黄色（オレンジ色）の矢羽に黒い線」で、夜間はさらに橙黄色灯を灯した。転てつ機には普通転てつ機のほか脱線転てつ機と発条転てつ機（スプリングポイント）がある。脱線転てつ機標識の定位は「白い四辺形の中に赤色四辺形」、発条転てつ機標識の定位は「青字の円板に白い横線とS字」で、反位はいずれも普通転てつ機標識と同じ「橙黄色の矢羽に黒い線」と橙黄色灯だった。

上／普通転轍機の標示灯を点検する金沢信通区の職員。青灯が表示されているので定位を示す　1984年2月7日
撮影／荒川好夫

右／信号機を清掃する職員　常磐線天王台〜取手間
撮影／荒川好夫

形式などの
手書き作業

1950年まで手書きが
主だった形式称号と
車体番号の標記

　砲金（銅とスズの合金）製だった
SLのナンバープレートや電気機関
車などのステンレス製切り文字を
除いて、電車・客車や貨車など国
鉄の車両に記されていた形式称号
と車両番号の標記は1950年代ま
で、ほとんどすべてが職員の手書き
によるものだった。国鉄の前身・鉄
道省は1942（昭和17）年、「最新客
貨車関係法規便覧」（鉄道教育研究
会編）を発行し、カタカナと数字の
ほかに、客車や貨車で使われる「形
式」「車掌」などの漢字の書体も定
めた。これを「客貨車標記文字」と
いい、デザイン作成の時点では筆に
よる手書きを想定していたため、文
字の角に筆で書きやすいよう丸み
をもたせたという。筆による手書き
のために開発された「客貨車標記文
字」の角の丸みは、ステンレス板の
切り文字が多用されるようになっ
てから、思わぬ長所が現れた。切り
文字に角がないことで、制服や作業
服、清掃用のモップなどが引っ掛か
りにくくなり、安全性と機能性の向
上に大きく役立つことになったと
いう。

鷹取工場でタキ2900形貨車の形式称号・
車両番号を手書きする職員
1955年7月24日　撮影／荒川好夫

乗務員の点呼

名前が呼ばれるだけでない列車乗務員の「出発点呼」

　「点呼」とは『広辞苑』によると「一人一人の名を呼んで人員がそろっているか調べること」という。しかし、国鉄など運輸事業者の場合はそればかりでなく、管理者と乗務員が相互に乗務内容や注意事項などについて確認し合う、大切な事前打ち合わせの場となっていて、やりとりも多岐にわたっている。乗務員は出勤すると、まず「出務点呼」を行い「〇〇行路の××、出勤しました。心身ともに以上ありません」と申告する（以下、所属機関により点呼の名称、表現などは異なる）。続く「出発（乗務）点呼」では乗務員が携帯する時刻表やハンドルなどを「点呼台」と呼ばれる卓上に置き「〇〇行路、点呼願います」と、おもに助役級が務める担当管理者に告げ、「点呼」の返答を受ける。乗務員は航路表に沿って列車番号、発車ホーム、時刻、編成などを告げ、管理者もそれを確認する。特段の注意事項がある場合は、相互に確認する。最後に「時計の整正、ただいま〇時×分△秒」（乗務員）、「はい、〇時×分△秒。時計の整斉よし！ 無事故でお願いします。点呼終わり」（管理者）で敬礼し合って、乗務に向かうことになる。乗務員の帰区時にも同様の点呼が行われる。

長万部機関区で出発点呼を受けるナッパ服姿の函館本線下り急行「ニセコ1号」の乗務員たち　1971年1月23日
撮影／荒川好夫

出札窓口でのきっぷ販売

「硬券切符販売棚」から
1枚ずつ取り手渡し

きっぷの発券がコンピューター化される前、乗客が必要なきっぷの種類や行き先などを申し出るたびに出札窓口の職員は、そばの棚から該当するきっぷを取り出して「ダッチングマシン（日付印字器）」を通して日付を入れてから、乗客に手渡していた。当時のきっぷは「硬券」と呼ばれる厚さ約0.7mmのボール紙のものが主体で、棚は「乗車券箱」といい、それぞれのきっぷは「硬券ホルダー」と通称された金属製の細長

い箱に収められていた。硬券の表には乗車券の場合、「〇〇から××ゆき」の標記や経由地、有効期限、値段、発行駅名が記され、子ども用のきっぷは右端部分を斜めに上辺が短くなるように切り取るスタイルが多かった。裏面には「0001」から始まる数字が印字されていて、その日初めて発売されたきっぷには、赤鉛筆で斜線が引かれていた。

函館本線小樽駅の出札窓口で
きっぷを売る女性職員
1971年1月20日　撮影／荒川好夫

貨車車票の確認

貨物の「乗車券」だった
1両ごとの「貨車車票」

　国鉄の貨物輸送は基本的に貨車1両単位で行き先の駅ごとに仕分けされていたため、各貨車には乗客にとっての乗車券にあたる「貨車車票」と呼ばれたボール紙の紙片が、両方の側面の「車票さし」に差し込まれていた。貨車車票には発駅名と着駅名に「発駅コード」「着駅コード」の数字、使われる貨車の形式称号と車両番号、貨車が運行を始める月日や品名、重量、荷受人名などが記されていた。貨車車票には「普通貨車車票」のほかに、赤の太線が入った「危険品車票」と、緑の太線が入った「電算処理車票」があった。火薬や放射性物質など取り扱いに注意が必要な品を積むときには、別に「貨車表示票」が差し込まれた。石炭輸送の需要が多かった北海道と九州には「石炭票」「炭票」と呼ばれた専用の貨物車票が存在したという。

冷蔵貨車レサ10000形の荷札を確認して差し込む職員 後方の職員が提げたかごには荷札が入っているようだ　東海道本線（支線）東京市場駅　1970年4月28日
撮影／荒川好夫

赤色反射板の取り付け

車掌車のない貨物列車の衝突防止へ最後尾に設置

　貨物列車の最後尾には後方から
の列車衝突防止のため、妻面に2つ
の赤色反射板があらかじめ取り付
けられている車掌車か、緩急車（ブ
レーキ装置を備えた貨車）を連結す
ることが原則とされていた。しか
し、貨物輸送が減少した国鉄末期
の1985（昭和60）年3月ダイヤ改正
で、車掌車と緩急車の連結を省略す
ることになったため、代わりに最後
部となる貨車の後部妻面左右に2
つの「可搬式赤色反射板」を運行の
つど、取り付けるようになった。北
海道・東北など降雪が多く視認性
の悪い地域では単なる反射板でな
く、バッテリーを内蔵した可搬式の
赤色灯も用いられた。テールランプ
を備えている客車でも回送時には
電源を使用しない場合があり、その
際は貨車同様の可搬式赤色反射板
を取り付けて運行した。

貨物列車の最後尾に連結されたワム
80000形貨車に赤色反射板を取り付ける
職員　北陸本線敦賀駅　1985年7月1日
撮影／森嶋孝司

鋳型を用いて鋳造

車両銘板や制輪子など
需要が多かった鋳造職場

　国鉄の各工場にはかつて、銘板や制輪子（ブレーキシュー）などの鋳物を造る鋳造職場（部門）が置かれていた。とくに需要が多かったのは楕円形に「日本国有鉄道」の文字が記された車両銘板で、最盛期には約12万両に達していた貨車を含む国鉄車両すべてに設置されていた。そのほか、国鉄工場で製造されたSLなどには、工場名や製造年を記した銘板も取り付けられていた。銘板は基本的に1両あたり1〜2枚で、以後製造する必要はないが、制輪子はブレーキをかけるたびに擦り減っていく消耗品である。そのため、国鉄工場における鋳造職場の必要性は大きかった。しかし、鉄道貨物輸送の衰退で貨車の数が減り、車両製造の外注化も進んだことで鋳造職場を有する工場も減っていった。現在、JRの工場で鋳造部門をもつのはJR北海道の苗穂工場とJR東日本の長野総合車両センターのみとなっている。

国鉄鷹取工場での車両銘板の
鋳造作業　1980年7月23日
撮影／荒川好夫

客車の給水作業

給水パイプから
床下のタンクに水を入れた

　鉄道車両への給水というとまずSLが浮かぶが、客車にとっても水はトイレや飲料、食堂車での調理用などとして必要不可欠な存在で、車両基地のほか、長距離列車の長時間停車駅でもSLの給炭・給水と同時に客車への給水作業が行われることがあった。SLは大量の水を必要とするため、たとえばC62形の炭水車の水タンク容量は22tもあった。これに対して一般的な客車の場合、水タンク容量は1両あたり1000ℓ(1t)程度だったという。SLの給水には通常給水塔上の水タンクが用いられたが、客車では線路際に設置された給水パイプ経由で、給水栓から供給された。現在でも広島駅構内では給水栓の跡がいくつも確認できる。現在の客車は床下に水タンクを吊り下げて空気圧でトイレなどに供給しているが、比較的使用量が少なかった時代の古い客車の水タンクは洗面所周辺の屋根裏に設置され、自然流下方式で水を流していたという。

尾久客車区で客車に給水作業を行う職員
1978年7月　撮影／荒川好夫

無線で話す
荷物列車の
車掌

三河島事故をきっかけに
整備された無線システム

　現在では無線設備の充実によっ
て、乗務員と運転指令所などとの
即時・双方向のやり取りが当たり前
のように行われているが、かつては
同じ列車の乗務員と車掌との間の
やりとりさえ旅客列車は車内電話、
荷物列車や貨物列車は手旗が基本
だった。国鉄に本格的な列車無線
システムが導入されるようになっ
たのは1962(昭和37)年の「三河島
事故」(死者160人)がきっかけだっ
た。貨物列車が貨物線で脱線して並
行する常磐線下り本線をふさぎ、下
り電車が衝突した。さらに上り電車
が線路を歩いて避難していた乗客
をはねたのち、下り電車に衝突する
という「三重事故」だった。下り電
車の運転士と車掌は車内電話での
連絡が取れず、状況を把握できな
かった三河島駅員・運転指令員に
は上り電車の運行停止の必要性が
把握できなかった。事故を教訓に国
鉄は自動列車停止装置(ATS)設置
とともに、事故や故障で停止した列
車の乗務員の操作で前後を走る列
車の乗務員や運転指令室などへ瞬
時に危険信号を発出できる「列車防
護無線装置」「発煙筒」などが開発、
導入された。

列車無線で機関士と連絡を取り合う
荷物列車の車掌　1971年6月
撮影／小泉 喬

雪捨て列車での移動

豪雪を捨てに行くため
連ねられた無蓋貨車

降雪が多い寒冷地の駅構内には、除雪した雪を流すために、常に水が流されている流雪溝（導水溝）が設置されていることが多い。しかし、流雪溝でも処理しきれないほどの豪雪に見舞われると、国鉄は無蓋貨車を連ねた臨時の「雪捨て列車」を仕立てた。貨車に大量の雪を積み上げ、職員を乗せて最寄りの鉄橋上や平原などへ運行するというものだ。総動員された近隣の職員が総出で、側板を開いた貨車の上から川の流れや平原へと雪を放り捨てた。雪捨て列車の出番が多い地域では、雪がより積みやすく、かつ捨てやすくなるように無蓋貨車を改造した専用車両を用意していた駅や機関区、保線区などもあった。雪捨て列車は過去の遺物とも思われがちだが、JR北海道は2016（平成28）年12月、北海道新幹線用に標準軌の「雪捨て車」を製造・配備している。視認性を高めるため、車体は鮮やかな黄一色に塗られている。

「雪捨て列車」に乗り込んだ職員たち
函館本線旭川駅付近　1977年12月
撮影／小野純一

左／谷川岳直下の清水峠で送電
線の点検に向かう高崎給電区六
日町派出白崩見張所の職員
右／越冬中の小屋の中で気象
データも観測していた
1970年11月13日　撮影／小泉 喬

谷川岳直下で送電線を点検

清水峠の山小屋に
職員が冬季も常駐

　国鉄はおもに首都圏での国電（の
ちE電）用の電力を確保するため、信
濃川水系に自前の水力発電所を所
有していた。1939（昭和14）年に運
転を開始した千手、1951（昭和26）
年の小千谷両発電所で、国鉄分割

民営化後にJR東日本に引き継がれ
たのち、1990（平成2）年に新小千
谷発電所が新設された。3発電所
を合わせて「信濃川発電所」と称
し、総最大出力は44万9000kWに
達している。生み出された電力は上
越国境（群馬・新潟県境）にそびえ
る谷川岳（標高1977m）直下の清水
峠（1448m）を越え、武蔵境変電所

（東京都小金井市）を経て新鶴見変
電所（横浜市鶴見区）まで送られて
いた。清水峠には送電線・鉄塔の監
視小屋が設置されていて、冬季も含
む通年にわたり職員が常駐（現在は
無人化）し、点検と気象データの観
測も行っていたという。

防雪林の点検

鉄道記念物・土木遺産の最古の「野辺地防雪原林」

　鉄道防雪林は降雪により造られる吹きだまりの防止と風雪を弱めるため、線路に沿って植樹された森林帯をいう。防雪林は鉄道のほか道路沿いにも設けられるが、その「第一号」は、日本鉄道(現東北本線・IGRいわて銀河鉄道線・青い森鉄道線)が1893(明治26)年、水沢～小湊間に設置した。約240kmの同区間に38カ所、延べ50haの森林帯が設けられ、そのうち野辺地駅の西側に約2kmにわたってスギ約700本が残る箇所は、「野辺地防雪原林」として鉄道記念物・土木学会選奨土木遺産に、宗谷本線剣淵～士別間の鉄道防雪林は土木学会選奨土木遺産に、それぞれ選ばれている。日本における防雪林の効果と必要性を力説した日本初の林学博士・本多静六の進言が容れられ、その後各地に広まった。

鉄道防雪林の点検に向かう倶知安(くっちゃん)営林支区員。手にした棒は雪の深さや雪庇(せっぴ)を確認するのに用いる
函館本線小沢(こざわ)～倶知安間
1973年3月23日　撮影／荒川好夫

浮石の点検

ロッククライミング級の険しい岩壁で保線作業

　急峻な山岳地帯を走る国鉄の路線は、常に落石や土砂崩れなどの危険にさらされてきた。なかでも飯田線（豊橋〜辰野間195.7km）の旧三信鉄道を買収した三河川合〜天竜峡間は、天竜川が刻んだ深いV字谷を縫って走り、地質の悪さもあってたびたび大規模な落石の被害を受けてきた。沿線の斜面は浮石が多いうえに日本有数の断層帯である中央構造線のもろい地質上に位置しており、豪雨に見舞われなくとも落石の危険性が高い。そのため、センサーなどの防災機器が発達していなかった時代は、保線区員の目視による点検が欠かせなかった。保線区員は集落から離れた保線小屋に寝泊まりしながら、ロッククライミングに匹敵する岩登りなどの過酷な点検作業を繰り返したという。

線路際の浮石を調べる飯田保線区の職員
飯田線金野〜千代間　1973年5月10日
撮影／荒川好夫

除雪車の運転

「ザリガニ」と称された
除雪用DD14形機関車

　国鉄はSL＋マックレー車＋ロータリー車＋SLで運行していた豪雪時の除雪用「キマロキ編成」を置き換えるため、1960〜79（昭和35〜54）年にDD14形ディーゼル機関車を計43両製造した。DD14形は運転台が片側に寄った車体て、冬季は運転台の前方にロータリーヘッドを取り付けて運行した。先行したラッセル車編成が線路際に押しのけた雪を、ロータリーヘッド前方のウイング（案内翼）でローター（羽根車）へ誘導して吹き飛ばすという構造だった。朱色の車体と左右に突き出すウイングの姿から「ザリガニ」とも称された。1987（昭和62）年の国鉄分割民営化時に計38両がJR北海道・JR東日本・JR西日本の3社に引き継がれたが、老朽化と高性能モーターカーの開発・投入によって次第に数を減らし、最後の1両となったJR東日本の327号機も2020（令和2）年、廃車となった。

信越本線でDD14形を運転する長岡第一機関区の機関士（左）と、前方を注視するロータリー車の担当者（右の2人）
1970年11月27日　撮影／小泉 喬

駅構内の除雪

雪国の必需施設「流水溝」
発祥の地は小出駅近く

　冬場の降雪が続くと、最寄りの保線区員や駅員は総出で、ときには近在の国鉄OBや臨時作業員なども加えて、構内に積もった雪を流水溝へと落とす作業に精を出した。流水溝とは、河川などから引き込んだ水の自然流下・運搬作用を利用して、投入した雪塊を下流側の河川へ運ぶための施設をいう。発案されたのは昭和初期頃とみられている。最初に設置された鉄道の駅は定かでないが、上越線小出駅（新潟県魚沼市）から南東へ400mほどの魚野川に架かる県道371号の小出橋のたもとに「流雪溝発祥の地」と刻まれた石碑が立っている。1934（昭和9）年の冬、旧小出町小出島地区の有志が中心街の本町通り沿いに掘った溝に魚野川支流・佐梨川の水を引き入れ、魚野川本流まで流下させたのが起こりという。碑はこの史実に基づき、1993（平成5）年に建立された。

構内に積もった雪を流水溝へ落とす
作業員　上越線越後中里駅
1971年1月15日　撮影／小泉 喬

車掌に敬礼する鉄道公安職員

"穴場"に集うスキー客の
誘導・整理へ臨時に派遣

1972（昭和47）年の札幌五輪（第11回オリンピック冬季競技大会）開催が迫ると、日本国内に「スキーブーム」が巻き起こった。とくに首都圏から近く積雪も多かった新潟県中越地方の上越線沿線にはたくさんのスキーヤーが押し寄せた。新清水トンネルを越えてまもなくの越後中里駅には冬季のみ、朝一番の下り急行「佐渡1号」（上野〜新潟間）が臨時停車した。特急に比べて料金の安い急行は若い世代に愛用され、混雑が目立った越後湯沢駅を避けて、数分とはいえより早く到着できる越後中里は"穴場"としてスキーヤーに人気だった。そのため、ホームの念入りな除雪（48ページ参照）に加えて鉄道公安職員も派遣され、乗客の整理・誘導などにあたった。越後湯沢駅との間には、岩原スキー場前臨時乗降場（1987〈昭和62〉年に駅昇格）も開設されていた。

165系急行電車の車掌に向かって敬礼する、スキー客対応に派遣されてきた鉄道公安職員　1971年1月16日
撮影／小泉 喬

ポイントの点検

融雪設備や手作業で
積雪時もポイントを保全

　作動状態が複雑なレールのポイント（分岐器）部分は積雪に弱く、冬季はとくに念入りな点検がなされていた。本線部分などではポイントのレールの下に「融雪カンテラ」と呼ばれた、灯油を燃やして周辺を暖め、可動部分への着雪や凍結の防止に役立つ器具が置かれ、扱いも手軽で比較的安価なことから重宝された。そのほか、レールに熱風を吹き付けたり空気圧で雪を吹き飛ばしたり、駅によっては温水循環装置を備えたりしている箇所もあった。1964（昭和39）年開業の東海道新幹線関ケ原付近（岐阜・滋賀県境）ではスプリンクラーが導入され、1982（昭和57）年開業の東北・上越新幹線にはその状況を踏まえて、高性能のスプリンクラーや融雪装置が備えられた。ただし、列車の運行本数が少ない側線などには融雪設備がない箇所も多く、保線区員が手作業で雪を取り除くことも多かった。

除雪用モーターカーが停まる側線の
ポイント部分の雪を取り除く保線職員
1971年1月16日　撮影／小泉 喬

梯子に昇って奥羽本線北部の電化
工事に携わる秋田電気工事局職員
1971年5月29日　撮影／小泉 喬

竹梯子で架線の工事作業

グラスファイバー梯子や
高所作業車へ移行が進む

　国鉄の電化区間の架線には、新幹線が交流2万5000V、在来線が直流1500V、交流2万Vという高圧電流が流れている。架線まわりの点検には近年、軌陸車（軌道と道路の両方を走行できる車両）タイプの高所作業車が使われることがほとんどで、絶縁用の梯子にもグラスファイバー製が用いられている。しかし、かつての梯子は竹製で、長く頑丈に作られていたため相当な重さがあったという。電気工事局の職員は、線路わきに置かれている重い竹梯子を抱えて架線の下を行き来して、架線柱などに立て掛け昇ったのち、高所で安全に気を配りながら不自由な姿勢で架線まわりの点検・整備や補修作業にあたっていた。職員が担当する架線関連の大規模な「工事」としては、トロリ線（パンタグラフに給電する接触線）に加えて、給電線（き電線とも、架線に並行する各種電力供給線）や、めっ線（トロリ線を吊るなどする「メッキより線」）の張り替えや、可動ブラケット、ガイシなどの取り替え、電柱の撤去・新設がある。日々の「保全点検」としては、目視や検査機器を用いてのさまざまな測定、検査、清掃などが行われている。

工場で働く人々

SLも製造した国鉄工場
ヘルメットの帯は青色

現在のJRの車両工場はオートメーション化や外注化が進み、国鉄時代に比べて現場作業に携わる人員の数は減っている。しかし、かつての工場では鋳造（32ページ参照）など、車両関連の"ありとあらゆる"といっていいほどの作業工程が日々行われていた。車両そのものも製造され、D51形SLは苗穂・土崎・郡山・長野・大宮・浜松・鷹取・小倉の8工場、B20形は郡山工場で、それぞれ一部が製造されていた。検査でもブレーキ機器や主電動機（モーター）などを取り外す「重要部検査・台車検査」以上のレベルは、工場でしか受けられない決まりだった。最も大掛かりな「全般検査」では数年（車種によって異なる）に一度、車体からほぼすべての機器を取り外して、検査と修繕が行われた。工場の職員が被るヘルメットの帯色は機関区と同じ「運転系」を示す青色で、職階に応じて本数や帯の幅が定められていた。

EF15形電気機関車57号機の修繕を行う
国鉄大宮工場の職員　1970年6月16日
撮影／荒川好夫

ポイントを清掃する保線区員。
左側の先端がとがったレールが
「トングレール」 大糸線白馬
駅 1971年7月10日
撮影／荒川好夫

ポイントの清掃

"ポイントの要"薄くて
頑丈な「トングレール」

　レールのなかでもポイント部分は、多くの種類のレールを用いて複雑な構造で組み立てられている。一般的な直線から曲線へ分岐するポイントの場合、本線にあたる部分は直線部分、曲線部分とも「主レール（基本レール）」といい、その内側の各所に脱線防止のための「ガードレール」が設置される。分岐を終えた直線部と曲線部がつくるⅤ字形は「クロッシング」、分岐点の始まりから直線部を経て曲線部の内側にかかる部分は「リードレール」という。ポイント部分のレールで最も重要視され、"ポイントの要"と称されるのが分岐部の始まりの可動部である「トングレール」で、先端が主レールに付いたり離れたりを繰り返すため、その都度衝撃が加わって破損やひびが生じやすい。それでいて主レールとの間に隙間があると脱線に直結するため、先端部分がぴたりと密着するように極めて薄く削られている。この"薄くて頑丈"という、相反する特性を両立させるため、トングレールには特殊な鋼材が使われている。

2章

思い出の国鉄型車両の数々

いまから150年前の1872（明治5）年から1987（昭和62）年の分割民営化まで、国鉄は新幹線をはじめとする高度な技術と美しさを兼ね備えた、幾多の魅力的な車両を生み出してきた。いまも全国各地で「国鉄型」と呼ばれる車両たちが、活躍を続けている。

並型自動連結器

「ねじ式」から実質1日で
奇跡の5万両一斉交換

　1872(明治5)年の鉄道開業以来、日本の車両の連結器には北海道以外、「ねじ式連結器(らせん連結器)」が使われてきた。車両同士をフックでつなぎ、ねじを締めて連結するというスタイルで、「バッファー」と呼ばれる円形の緩衝器が左右に取り付けられているのが特徴だった。ねじ式連結器は作業に手間がかかり、安全性にも問題があったことなどから、国鉄は1925(大正14)年に全車両の「並型自動連結器」への取り替えに踏み切った。この年、約1800人だったという国鉄の連結手のうち、500人以上が作業中に死傷したとされる。ただし、交換作業に時間をかけては片方の車両がねじ式で、もう一方が自動連結器では連結ができなくなるという不具合が生じてしまう。そこで国鉄は、事前に各車両の前頭部に自動連結器をぶらさげておくなどして、本州・四国では7月17日、九州では7月20日を交換日と定め、一斉に交換作業を実施した。当時の国鉄の車両数は約5万2000両。実質わずか1日で、これらすべてが並型自動連結器に取り替えられたことは世界の鉄道関係者から"奇跡"と称賛された。

C61形13号機の前頭部に取り付けられている「並型自動連結器」。近年はより「遊び」の少ない「密着式自動連結器」も導入されている　鹿児島機関区
1969年10月25日　撮影／荒川好夫

中間車が最後尾に連結

ドア付き緩急車が原則で
転落防止へ鎖をわたした

国鉄の客車列車では安全性を高めるために原則、最後尾に車掌室とブレーキ装置(車掌弁)を備えた客車(緩急車)を連結させていた。万が一、ブレーキ装置を搭載している機関車と客車が上り勾配で分離したとしても、最後尾にブレーキを備えて車掌が乗務している緩急車が連結されていれば、客車編成の逸走(暴走)を防ぐことができる。また、緩急車の後部妻面にはドアが設置されていて、乗客の転落防止にも役立っていた。ただし、行き止まりのローカル線などを運行する短編成列車ではこの原則が徹底できず、通常は中間部に連結される客車が最後尾になる場合もある。その際には素通しの貫通路部分に鎖をわたして転落防止柵の役割を果たさせ、乗客の安全確保に努めた。もっとも素通しの貫通路は展望室風の眺望が楽しめたり、冷房装置のない時代には風通しがよく夏の暑さが解消できたりもする。後方へと過ぎ去っていく2本のレールを眺めるため、ここを居場所と定める乗客も少なくなかったという。緩急車を示す形式称号は「オハフ61」など「フ」と定められていた。

貫通路部分に扉のない最後尾の客車の後ろを横切るローカル線の降車客たち
松浦線平戸口(現・松浦鉄道西九州線たびら平戸口)駅　1965年3月
撮影／牛島 完

木製の電車

1950年代まで使われた木製の「旧型国電」

　日本に初めて鉄道が開業した150年前、客車や貨車の車体はほとんど木製だった。路面電車を除いた国内初の電車は、1904（明治37）年に甲武鉄道（1907年に国有化、現・中央本線）が飯田町（廃止）〜中野間で運行を始めたニデ950形・デ960形・デ963形とされるが、これも木製だった。安全性を高めるため、1920年代からまず骨組みや外板を鋼材・鋼板とし、屋根材は木骨・防水布張りとした「半鋼製車」が製造され始め、1940年代には屋根も鋼製とした「鋼製車（全鋼製車）」が登場した。戦後は内装にも金属を多用した「全金属製車」へと移行していった。しかし、以降も「旧型国電」と呼ばれた木製車体の車両は使われ続け、戦時体制下で国鉄に編入されて「買収国電」と呼ばれた元電化ローカル私鉄の木製電車も数多い。旅客用の旧型・買収国電は優先的に鋼体化改造が進められたが、荷物車や事業用車に転用された電車は木製車体のまま、1950年代以後も飯田線などに残っていた。

戦後も飯田線で運行され続けた木製の「旧型国電」モニ13形。のちに鋼体化改造を受け、首都圏で運用された　飯田線豊橋駅　1952年11月1日　撮影／伊藤威信

めくり式
トレインマーク

ひと手間で急行「宮島」が「鷲羽」などに早変わり

　国鉄のボンネット式特急形電車・気動車の前頭部には、列車の愛称名ごとに取り替えるタイプのアクリル板トレインマーク（ヘッドマーク）を着脱できる台座が設けられていたが、急行形電車にはその装備がなかった。そこで考案されたのが、「めくり式トレインマーク」だった。東海道・山陽本線系の153・165系なら青地、北陸本線系の457系なら紺色・水色・紺色三段重ね、東北本線系の455系なら緑色に横5本の白線が入ったプレートを取り付け、その内側に愛称名を記した板が表示される。板は中央からの横開きで、「宮島」（東京～広島間）をめくると「鷲羽」（新大阪～宇野間）になったり、「くずりゅう」（米原～金沢間など）が「立山」、「まつしま」（上野～仙台間）が「いわて」（上野～盛岡間）になったりもする（順不同）。上りと下りで別の列車名に変わることが多い急行列車の「めくり式トレインマーク」は、乗客側からはわかりやすく運用側からも作業がほんのひと手間で済むと、評判のいい設備・構造だった。

クハ153系500番代の前頭部に取り付けられた「めくり式トレインマーク」　東海道本線東京駅　1964年7月30日
撮影／荒川好夫

尾灯を囲む
「補助反射板」

ATS普及以前に視認性
向上のため設置義務付け

　客車や電車、気動車の前頭下部の左右には赤い尾灯（テールランプ）が取り付けられているが、そのまわりにひと回り大きな「補助反射板」が取り付けられていることがある。反射板そのものはドーナツ形の折りたたみ式で、片面は赤色、反対側の面はその周辺の車体色と同じ色に塗られている。下半分を開くと尾灯を囲む赤い大きな丸になり、下へ折りたたむと尾灯以外は車体色にまぎれて反射板の存在がわからなくなる。この反射板は1962（昭和37）年に発生した「三河島事故」（36ページ参照）をきっかけに自動列車停止装置（ATS）が普及する前の1965（昭和40）年まで、後方からの停止列車の視認性を高めるため、設置が義務付けられていたという。そのため、1965年以降製造された車両に、補助反射板は原則装備されなくなった。

宮津線の準急「丹波」のキハ26形気動車の尾灯を囲んで設置された「補助反射板」。下半分を開くと赤色のドーナツ形が現れる　1963年7月23日
撮影／荒川好夫

ステンレス製
電気機関車

海水の塩害予防で採用
のちにコルゲートを設置

　1942（昭和17）年に下り線（全長3604m）、1944（昭和19）年に上り線（3614m）がそれぞれ開通した関門トンネル（下関〜門司間）は当初から直流1500Vで電化され、EF10形電気機関車により運行された。そのうち5両は1953（昭和28）年以降、海水の塩害によるさびを予防するために外板を鋼材からステンレスに取り替える改造が施された。4両は他車と同じ茶系の「ぶどう色1号」の塗料が塗られたが、24号機だけは試験的な意味合いもあってか無塗装の銀色車体のまま運用された。1961（昭和36）年の門司港〜久留米間の交流電化に合わせて、直流だった門司駅構内も交流2万Vに切り換えられることとなった。これに合わせて新造されたEF30形交直流電気機関車も車体外板と屋根上機器に、ステンレスが用いられた。先行試作機の1号機を除く2〜22号機と、1978（昭和53）年以降に増備されたEF81形300番代には、車体強化と車体のゆがみを隠すためのコルゲート（凹凸が並行する加工波板）が入れられた。

門司機関区に並ぶEF30形交直流電気機関車。左端の1号機の車体にはコルゲートがない　1972年10月22日
撮影／荒川好夫

黒　　石磯
FOR　KUROISO

スハ33 2689

リベットのある車体

溶接技術が未発達の時代 部材の接合に使われた鋲

　国鉄の茶色い旧型客車やSLなどを見ると、車体にまんじゅうのような丸い出っ張りが連なっているのがわかる。これを「リベット」といい、溶接技術が発達していなかった時代、おもに鋼材同士を接合する際に用いられた鋼鉄製の「鋲」で、頭部が円柱形の釘のような形をしている。簡単にいうと、部材を接合する部分に穴をあけてリベットを差し込んだのち、頭部をつぶしてがっちりと接合する。リベットで接合した箇所は溶接と同様、接合後に"外す"ことを想定していないため、ボルト＋ナットのように緩んだり外れたりすることは基本的にない。リベットの強度は材料力学でいう「塑性」によって保たれる。塑性とは、「物体に力を加えると変形するが、その力を取り除いても元の形に戻ることはない」という性質をいう。ただし、リベットは平滑な車体面に凸形の張り出しによる空気抵抗を生じさせ、見た目も悪いことなどから溶接技術の発達とともに用いられることが減っていった。

戦前の1930年に製造された旧型客車
スハ33の車体に並ぶリベットの列
1975年5月5日　撮影／荒川好夫

切り文字の
形式称号・
車両番号

角の丸い国鉄書体が
引っ掛かり防止に奏功

　国鉄車両の形式称号・車両番号
はかつて職員の筆による手書きが
主流だったが、検査などで塗装を
はがすたびに書き直す必要があっ
た。その手間を省くため、一部の電
車や客車などに始めから金属板を
切り抜いて貼り付ける「切り文字」
が採用されることになった。切り出
された切り文字は引っ掛かり防止
のために上部の縁が丸く成形され
る。筆文字で書きやすくするために
文字の先端部を丸くした「国鉄書
体」の「すみ丸ゴシック」採用が、
切り文字の時代になって思わぬ効
果を示すことになった（22ページ参
照）。切り文字による形式称号・車
体番号は電気機関車などにもナン
バープレートに替わって用いられ
るようになった。EF65形やDD51
形の一部など、国鉄時代に製造され
た電気機関車やディーゼル機関車
の標記の一部は切り文字をプレー
トに貼付けたものもあり、プレート
は車体と同色に塗られている。

1974〜80年製造のオハネ25形に
貼られた金属製切り文字の形式称
号・車両番号　東海道本線東京駅
1978年6月1日　撮影／荒川好夫

特急シンボルマーク

特急「こだま」登場時に公募採用されたデザイン

　国鉄時代に製造された特急形の電車と気動車には、前頭部に逆三角形の「特急シンボルマーク（エンブレム）」が取り付けられていた。1958（昭和33）年10月にデビューが予定されていた東京〜大阪間を約6時間で結ぶビジネス特急（4月に「こだま」と命名）用車両20系（のち151系）のボンネットに設置するためとしてデザインが公募され、同年6月に5537点の中から三重県在住の男性のデザインが採用された。銀色をベースとして、下部にR（曲線）をもたせたシャープなデザインの金色部分を組み合わせたデザインは、「シンプルかつスピード感を印象付ける」などとして選ばれた。このマークは20系以降に製造されたすべての国鉄特急形車両に搭載され、JR各社にもそのまま引き継がれた。2022（令和4）年現在も、特急「やくも」の381系電車などで目にすることができる。なお、ボンネット側面の「JNR（Japanese National Railways＝日本国有鉄道）マーク」も、このときの応募作品の中から選ばれたものだ。

クハ481形特急電車のボンネットを飾る国鉄の「特急シンボルマーク」　鹿児島本線博多駅　1975年3月12日
撮影／荒川好夫

20系客車の五角形テールマーク

愛称にちなんで微妙に
違ったアクリル板の地色

国鉄の寝台特急「ブルートレイン」20系客車の編成最後尾で光る「テールマーク」は、ボンネット型特急電車の着脱式トレインマーク（76ページ「有明」写真参照）と似たスタイルの、五角形をしたアクリル板で作られていた。裏側の蛍光灯で照らされるアクリル板の地色が当初、列車ごとに別の色とされていたことはカラーフィルムが普及する前でもあったことから、案外知られていないようだ。1958（昭和33）年に登場した初のブルートレイン「あさかぜ」は薄い水色で、以降の「さくら」（1959年）はピンク色、「はやぶさ」（1960年）は黄色（ハヤブサの眼球などの色）、「みずほ」（1963年）年は水色と、それぞれの愛称をイメージさせる色調が選ばれた。しかし、20系のテールマークは1964（昭和39）年に運行を開始した「富士」「はくつる」以降、白地に紺色の文字とされて初期の色違いの列車もこの配色に統一されていった。ただし、「あけぼの」「ゆうづる」用の秋田運転区所属車だけは、いかにも朝焼けらしい薄いピンクともオレンジとも見える微妙な色調だった。これは、共通運用を組む青森運転所所属車（白地に紺色文字）と区別するためだったという。テールマークはのちに絵入りのデザインに変更された。

20系客車寝台特急「あけぼの」の五角形
テールマーク　東北本線上野駅
撮影／荒川好夫

回転幕式トレインマーク

貫通型先頭車の登場に
合わせて小型・省力化

　ボンネット型先頭車の特急形車両は基本的に分割・併合ができず、運用の柔軟性に欠けたことなどから、1967（昭和42）年に登場した581系電車以降、前面扉をもつ貫通型先頭車が採用されていった。これに合わせて大きなアクリル板のトレインマークも小型化されて四角形になり、さらに省力化のため着脱式から回転幕式へと変更された。回転幕には多数の愛称名が記されていて、運転室からのワンタッチ操作で幕を回して該当する愛称名を選択する仕組みだった。愛称名のほか、「臨時」「回送」「試運転」などの文字も用意されていた。側面の行先標示板（方向幕）も「サボ」と呼ばれた板状のものから回転式に変更されていった。寝台客車も20系の後継として1971（昭和46）年に登場した14系では非貫通型の車両は製造されず、トレインマークも小型化・回転幕式とされた。なお、特急形気動車は1961（昭和36）年登場のキハ82形から貫通型となったため、トレインマークは着脱式アクリル板のまま小型化されている。

小型回転幕式トレインマークの485系特急「雷鳥」。写真は貫通扉のない300番代だが、貫通式の200番代のデザインを踏襲している　北陸本線敦賀〜新疋田間
1986年11月30日　撮影／荒川好夫

福井 (長野経由)
越前 (ECHIZEN)

● スロフ62 2032

金属板の「サボ」

車体側の「サボ受け」の
形状に合わせ2種類存在

旅客列車の「サボ（行先標示板）」は回転式方向幕（80ページ参照）が導入されるまで、ホーロー（琺瑯）引きの金属板が用いられていた。ホーローは英語で「enamel（エナメル）」といい、金属の表面に無機ガラス質の釉薬（ゆうやく）を高温で焼き付けた製品を意味する。耐熱性・耐久性などに優れて色落ちしにくいことから、サボはもとより、やかんや食品容器などにも広く使われている。サボの形状は大きく分けて2種類あり、旧型客車など古い車両用は、上部に2カ所穴が開いた凸形の出っ張りがあ

り、車体中央のフックに掛けてぶら下げ、左右から下部の一部にかけて取り付けられていたL字形と逆L字形の「サボ受け」と呼ばれる揺れ・転落防止のための溝に収めるタイプ。比較的新しい車両のサボ受けはドアそばの上部にあり、コの字形をしていた（開口部は左右どちらかのドア寄り）。こちら用のサボは開口部から横向きにはめ入れるため出っ張りがなく、両端寄りに挿入・取り出しの際に指を差し込むための穴が開いたタイプだった。このタイプは古い車両のサボ受けにも収めることができた。どちらの形状のサボも回転式方向幕の導入に伴い、数を減らしていった。

急行「越前」のグリーン車スロフ62形の
中央部に付けられた古いタイプのサボ
東北本線上野駅　1982年4月7日
撮影／荒川好夫

外付けの前照灯

旧運輸省令では「前面上部に1個以上」の定め

　国鉄に限らず、日本の古い鉄道車両の前照灯は最前部の屋根の上付近に1基のみ取り付けられていることが多かった。1987（昭和62）年4月1日に施行された運輸省令第14号「普通鉄道構造規則」第233条は車両の前部標識（前照灯）について、「表示の方式／夜間／列車の最前部の車両の前面に白色灯一個以上」と定めている。この運輸省令は

もともと1900（明治33）年制定の鉄道営業法に基づいて定められた逓信省（現・総務省、当時は国有鉄道を管轄）の省令「鉄道運転規則」に同様の条文があった。古い時代の鉄道事業者はこの条文を、できるだけ経費を節減したいという思いもあって“前照灯は1個取り付けてあればいい”と、手前勝手に解釈したようだ。条文でも昼間については1993（平成5）年の改正まで「標識を掲げない」、つまり“前照灯は不要”と明記してあった。さらに1958

（昭和33）年以前の条文では、位置は「前面上部」だった。この年デビュー予定の特急「こだま」の技術者側が夜間高速走行時の衝突事故を危惧（きぐ）して、上部に加えて下部左右へも前照灯の設置を求めたことがきっかけで、改正されたという。普通鉄道構造規則の省令は2002（平成14）年に廃止され、現在の法令では前照灯の数についての定めはなく、「車両中心面に対し対称に取り付けられたものであること」などとされている。

前照灯が「前面上部に1個」だった戦前製造のクモハ40形　中央本線支線（下河原線）東京競馬場前駅
1973年3月31日
撮影／荒川好夫

お座敷列車

1931年の金沢が発祥か
戦後は気動車の改造も

「お座敷列車」といえば畳やカーペット敷きでくつろげる日本人好みのスタイルで、国鉄・JRはもとより近年は各地の第三セクターなどでもいくつか導入されている。鉄道草創期の客車には、九州鉄道記念館（北九州市）に保存されているチブ37号車（1909〈明治42〉年製造）に見られるように、座面に畳表が敷かれていたものもあったが、あくまでモケット代わりで、のちのお座敷列車とはコンセプトを異にする。最初期に観光用として造られたお座敷列車のひとつとして、1931（昭和6）年に登場したとされる「金沢運輸事務所のお座敷列車」がある。『日本国有鉄道百年写真史』によると、金沢駅が主催した北海道・樺太（現・ロシア領サハリン）・十和田湖周遊の団体列車に、内部を畳敷きに改造した客車が1両連結されていたという。戦後の1960・61（昭和35・36）年には仙台鉄道管理局が畳敷きの「和式客車」と称してスハ88・オハフ80形各1両を製造したとの記載が『日本国有鉄道百年史』にある。以降、各地の鉄道管理局が客車を畳敷きに改造し、団体旅行を主体に運行された。秋田鉄道管理局では、小回りが利くキハ58系気動車3両を改造し、「こまち」後の「おばこ」の愛称で1984（昭和59）年から2006（平成18）年まで運行した。

12系客車を改造した長野鉄道管理局の
お座敷列車「白樺」車内。
1988年2月1日　撮影／森嶋孝司

旅客車両の窓

客車は一段上昇式が主流
大惨事を招いた三段式

　国鉄の旅客車両は1950年代までクーラーが備えられておらず、夏場は天井の扇風機を回しながら窓を全開にして暑さをしのぐのが当たり前だった。窓は上方へ引き上げる「上昇式」が一般的だったが、屋根までのスペースが限られていたため、窓枠の最上部まで"全開"にすることは難しかった。長距離客が多かった客車は途中停車駅で駅弁を購入する乗客の便を図る目的もあって一段上昇式の窓が主流だった。これに対して通勤・通学主体の電車や気動車は、転落防止と換気が主目的だったことから、上段下降・下段上昇の2枚窓が主流とされた。特殊な例として、1944～51（昭和19～26）年に製造された63系電車の三段式窓があった。ガラス不足と激増した乗客の窓からの出入りを防ぐために中段を固定、上段下降・下段上昇として開口部をわざと狭めたものだった。これが災いし、1951年の車両火災「桜木町事故」の際に乗客が窓から脱出できず、106人の焼死者と92人の重軽傷者を出す大惨事となった。1957（昭和32）年には窓を大きく開ける一段下降式のナハフ11形、1959（昭和34）年には157系電車が登場したが、車体の腐食が進みやすいという欠点が露呈し、以後発展しなかった。

大きく窓を開いた清水港線の「おわかれ列車」、一段上昇式のオハ47形から手を振る乗客たち　巴川口～清水埠頭間
撮影／高木英二

清水 ← 三保

・オハ47 2080

2階建て新幹線車両

東海道・山陽に100系 東北にも200系H編成

　国鉄は1985（昭和60）年、1964（昭和39）年の東海道新幹線開業以来走り続けた0系の後継として、国鉄では初めてとなる2階建て車両2両を含む100系X編成の新製を開始、東海道・山陽新幹線に投入した。2階建て車両のうち8号車は食堂車（2階が客室、1階が厨房など）、9号車はグリーン車（2階は2列＋2列の開放式、1階は個室）とされた。国鉄分割民営化後の1987（昭和62）年には、JR東海が8号車2階もグリーン車、1階をカフェテリアとしたG編成を新製。1989（平成元）年にはJR西日本が2階建て車両4両のV編成、愛称「グランドひかり」を新製。こちらは8号車を食堂車、7・9・10号車は2階をグリーン車で1階を普通車とした。一方、JR東日本は東北新幹線に1990（平成元）年、2階をグリーン車、1階をグリーン・普通個室とした249形を新製し、7号車として組み込んで13両編成とした。さらに翌1991年には2階をグリーン車、1階をカフェテリアとした248形を新製して10号車に、249形を9号車とした。さらに普通車2両を加えて16両編成を組みH編成とし、速達タイプの「スーパーやまびこ」の愛称で運行を始めている。2階建ての100系は2003（平成15）年、200系は翌2004年まで運行された。

東海道・山陽新幹線の2階建て車両100系。車体には2階建てをイメージした赤い「NS（New Shinkansen）マーク」が描かれていた　東京第一運転所大井支所　1986年9月26日　撮影／荒川好夫

外吊りドア車両

広い開口部のステップの 補強による重量増加予防

国鉄をはじめとする鉄道車両の ドア（側扉）は横にスライドして車 体の戸袋に収まる引き戸式がほと んどで、比較的乗降回数の少ない 寝台車や団体用として設計された 12系などには折り戸式が用いられ ている。そのなかで異彩を放ったの が1961（昭和36）年、おもに大都市 近郊の非電化通勤路線用として造 られた、片側3扉ロングシートのキ ハ35系気動車の「外吊り式」ドア だった。当時、電化通勤路線のホー ムはすべてといっていいほどの割 合で、車内の床面とほとんど同じ高 さまでかさ上げが施されていた。と ころが、非電化区間では逆にほとん どのホームが低く、車両側のドア内 側に乗降用のステップを設け、下部 に補強材を入れる必要があった。引 き戸式では構造上、戸袋部分の強度 が通常の窓が並ぶ部分に比べて著 しく落ちる。そのため、開口部が広 い（戸袋部分が多い）設計のキハ35 系ではステップ補強材の重量が増 すことで、車両全体の重量が運行の 妨げになるほど重くなってしまう 可能性が高いと見積もられた。そこ で、戸袋を設ける必要のない外吊り 式のドアが採用されることとなっ た。キハ35系のドア両わきの窓は、 ドアが開いた際の「挟まれ事故」を 予防するため、わずかしか開かない 構造になっている。

茅ケ崎機関区に滞泊する通勤形気動車 キハ35系。一般形気動車に比べて車体 に占めるドア部分の比率が高いことがわ かる　撮影／大道政之

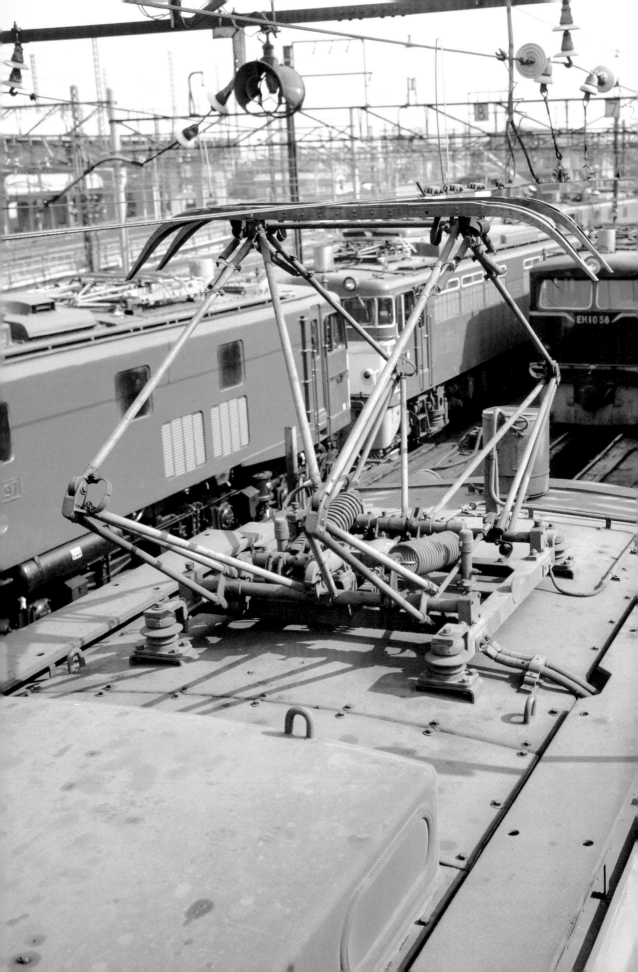

菱形パンタグラフ

現在は下枠交差式を経て
シングルアーム式へ

　国鉄時代に製造された電気機関車と電車のパンタグラフは横から見ると「菱形(ひし)」のものが多かった。1958(昭和33)年から製造が始まった特急「こだま」用の20系(のち151系)の「PS16形」が、電車用菱形パンタグラフの"ほぼ完成形"ともいわれている。その後、1964(昭和39)年に開業した東海道新幹線0系は、下枠部分を延ばしてX字形に交差した「下枠交差(交叉とも)式」の「PS200形」を採用している。下枠交差式は菱形に比べ、とくに風切り音の低減に有効だったことがおもな理由とされる。下枠交差式は屋根上の占有面積も小さくて済むため、当時性能が高まりつつあった在来線電車の分散型クーラー設置用スペース確保に役立った。1969(昭和44)年に在来線電気機関車用の「PS22形」が開発され、0番代・500番代で菱形の「PS17形」を搭載していたEF65形も1000番代の途中から置き換えられた。その後、さらに風切り音や着雪が少ないなどとされる「く」の字形の「シングルアーム式」も国内での製造が開始され(フランスのメーカーの特許保護期間終了による)、1996(平成8)年にJR東海383系で初めて「C-PS27形」が搭載された。

「菱形」パンタグラフの「PS17形」を搭載したEF65形500番代などが並ぶ駐機場
東京機関区　1973年7月20日
撮影／荒川好夫

貨車の
用途記号と
荷重記号

無蓋車の「ト」はトラック
有蓋車の「ワ」はワゴン

　タンク車やコンテナ車などを除いた「普通貨車」は、屋根のない無蓋車と屋根のある有蓋車に二分される。150年前の鉄道開業の際、貨車はこの2種類しか存在しなかった。客車の「形式称号」にあたる「用途記号」は、無蓋車が「ト」で「トラック(truck)」、有蓋車が「ワ」で「ワゴン(wagon)」のそれぞれ頭文字を採っている。2番目に続くカタカナは「荷重記号」といい、1928（昭和3）年に国鉄が「車両称号規定」を改正した際、荷重が軽い順から「ム／ラ／サ／キ」とした。14t未満には荷重記号がなく、「ム＝14～16t」「ラ＝17～19t」「サ＝20～24t」「キ＝25t以上」となる。規定が定められる以前、「ム」はもともと馬運車の記号だった。ウマの発音が古くは「mma＝ムマ」だったことに由来する。その後15t積み有蓋車が広く「ワム車」と称されるようになったことから、荷重記号を定める際に15t積みを含む荷重14～16t級がまず「ム」と決まった。ほかに使われていない記号にたまたま「ラ」「サ」「キ」が残っていたため、荷重記号は語呂のいい「ムラサキ」と定められたという。

「荷重17～19tの無蓋車」であるトラ45000形を連ねた羽越本線の貨物列車
羽後亀田～二古信号場間
撮影／荒川好夫

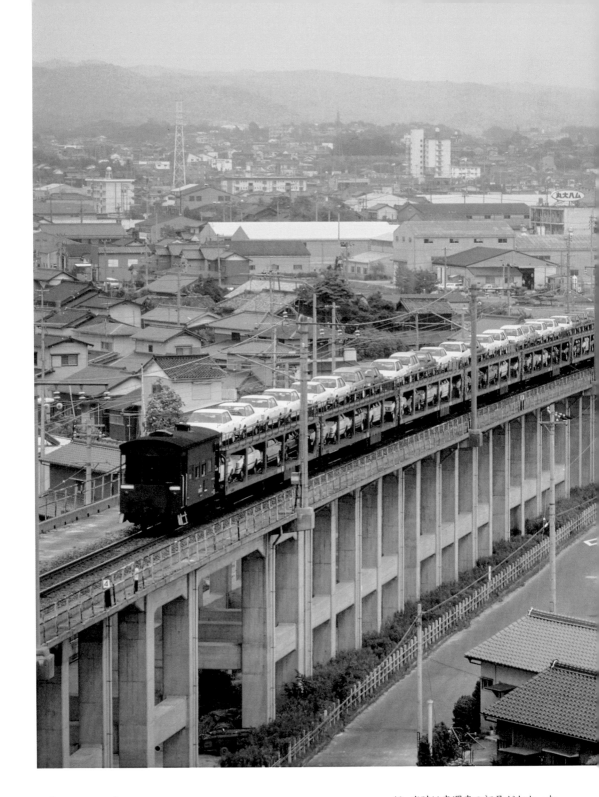

車運車

自動車メーカー3社の
私有貨車3種が始まり

　「車運車」とは自動車を積んで運ぶための専用貨車で、1962（昭和37）年に製造されたシム1000形が第1号とされている。「シ」は本来大型の貨物を運ぶ「大物車」の用途記号だ

が、当時は車運車の記号がなかったためだ。1965（昭和40）年に称号規定により「ク」が車運車の用途記号に定められたため、クム1000形と改称された。シム1000形は試作車として1両のみ製造されたトヨタ自動車が所有する「私有貨車」で、長さ9.5m、幅2.9m、高さ2.8m。同社

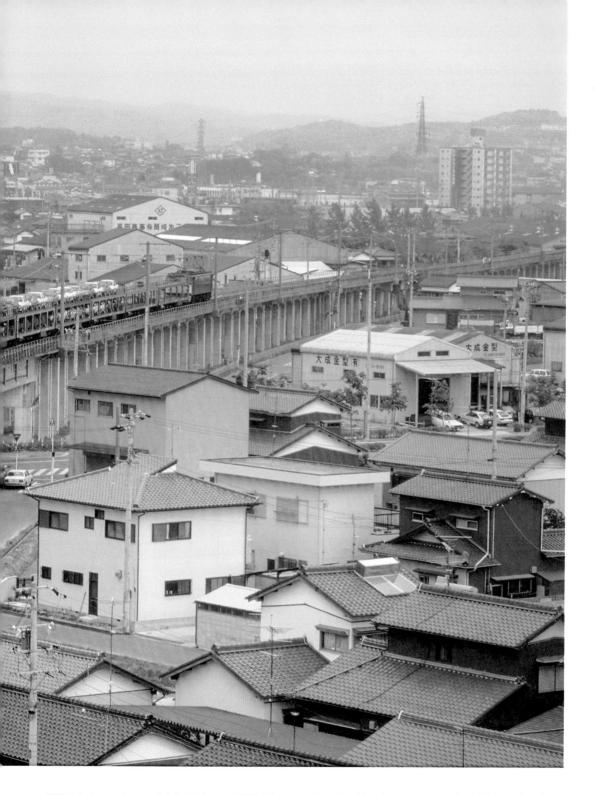

ク5000形車運車を連ねた
岡多線の貨物列車。機関車
寄りの2両はパンタグラフや
架線から飛散する汚れ防止
のため、空車にされていたと
いう　北野枡塚〜北岡崎間
1983年5月30日　撮影／森嶋孝司

が製造したトヨタ・パブリカ（長さ
3.6m）を下段に4台、上段に2台の
計6両搭載できた。他の自動車メー
カーもこの方式を採り入れ、1965
年にダイハツ工業がシム（のちクム）
2000形50両、三菱重工業（現・三
菱自動車）がシム（同）3000形10両
を、それぞれ新製している。車運車

の"標準形"として翌1966（昭和41）
年に国鉄の所有貨車として登場し
たのがク5000形で、1973（昭和48）
年までに930両が製造された。4台
ずつの上下2段で計8台、搭載でき
た。ク5000形は高速道路網の充実
などにより、1996（平成8）年までに
全車が廃止された。

車内白熱灯と扇風機

蛍光灯とクーラーの普及は1950年代以降

　現在、旅客車両内の天井に取り付けられているのは蛍光灯かLED照明とクーラーがほとんどだが、かつては白熱灯と扇風機が"定番"だった。1872（明治5）年の鉄道開業時以降、車内照明には石油ランプが用いられていた。電灯が初めて登場したのは1889（明治32）年での山陽鉄道（現・山陽本線）の客車で、別に発電車を連結して電力を供給していた。以降は長く白熱灯が用いられてきたが、1948（昭和23）年に蛍光灯が初めて進駐軍（連合国軍）用の国鉄マイネ40形1等寝台車に用いられ、1952（昭和27）年頃から本格的に白熱灯を置き換えていった。車内灯のLED化は2010年代から本格化した。一方、鉄道車両に初めてクーラー（冷房装置）が搭載されたのは1936（昭和11）年6月の南海鉄道（現・南海電気鉄道）2001形クハ2802の1両で、製造は大阪金属工業（現・ダイキン工業）だった。国鉄も同年8月、マシ37850食堂車1両に搭載したが、いずれも試験的な意味合いが強かった。車内冷房の普及が進むのは、1950年代後半以降になる。

白熱灯と扇風機が並ぶ、昭和初期に製造されたクモハ12形　鶴見線大川駅　1989年10月5日
撮影／松本正敏

車両の前面強化

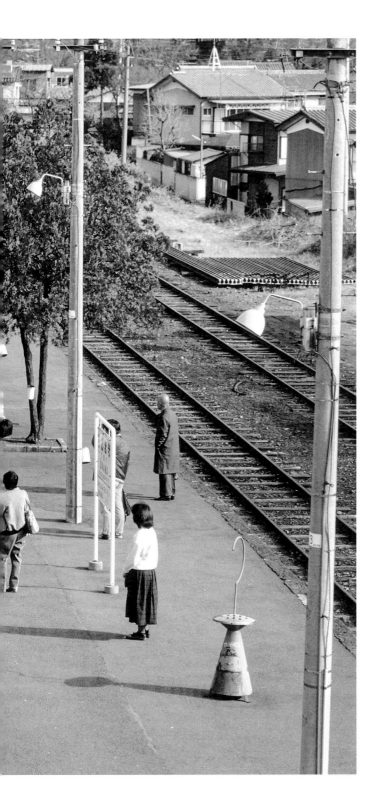

高運転台化や補強板設置
大事故受けた抜本対策も

　レール上を走行する鉄道車両にとって、踏切への自動車の誤進入や突然の落石などによる衝突事故は、運転士・機関士が「注意」するだけではどうしても避けられない場合がある。製造初年の1963（昭和38）年から総数3447両と国鉄電車のなかで最も多く製造された103系の先頭車は、1973（昭和48）年製造分以降、運転士の視認性向上と衝突時の衝撃緩和を目的に、運転台を高くする「高運転台」スタイルに改められた。急行形の153系にも同様の処置が施されている。既存の車両にも前面強化策が施された。キハ35系は1975（昭和50）年から前面下部に鋼製の補強板を取り付けている。分割民営化以降のことになるが、JR西日本は2005（平成17）年に発生した福知山線脱線事故（死者107人）を受けて、2010（平成22）年に製造を始めた225系に設計段階から抜本的な衝突時の安全対策を施した。先頭部の台枠、貫通路柱とそれぞれの接合を強化のうえ、自動車の構造にならって衝突時、運転席より前方に加わった衝撃力を車両の上方に誘導して運転士を守る「クラッシャブルゾーン」構造を初めて導入した。

衝突時の運転士の安全確保へ前面下部左右に補強鋼板が取り付けられたキハ30形　足尾線大間々駅
1986年3月21日　撮影／森嶋孝司

国内某所で運行された「ミステリー列車」のオハ35形　1970年10月11日　撮影／小泉喬

ミステリー列車

「銀河鉄道999号」が1979年の大きな話題に

　「ミステリー列車」とは、乗客に行き先を知らせずに運行される団体臨時専用列車で、国鉄では1979（昭和54）年7月、上野駅を発車した「銀河鉄道999（スリーナイン）号」が大きな話題を呼んだ。松本零士氏原作の大ヒットSF漫画『銀河鉄道999』の劇場版アニメの公開に合わせて運行された列車で、12系客車9両編成を「GALAXY EXPRESS 999」のボディーペイントとヘッドマークを掲げたEF65形1007号機の牽引で東北本線を進み、宇都宮駅でDE10形100号機に交換されて到着したのは烏山線烏山駅だった。駅名標はすべて「アンドロメダステーション」とされていた。以降、国鉄主催のミステリー列車団臨が各地で運行され、近年でも私鉄や第三セクターで個人でも参加できるツアーなどが催行されている。なお、日本で初めてのミステリー列車は1932（昭和7）年、"イギリスで行き先不明の列車が運行された"との記事を目にした東京日日新聞（現・毎日新聞）の記者が、鉄道省に打診して実施された「行先秘密？列車」とされる。両国駅を発着した「？列車」の行き先は大宮公園、キッコーマン野田工場などだったという。

3章

駅で見かけた光景たち

国鉄に親しみを抱いたいちばんの要因は、駅
員たちの働きぶりに常に接してきたからだろ
う。窓口できっぷを買い、改札口で鋏を入れ
てもらい、ホームのアナウンスを確認しなが
ら列車に乗り込む。駅から始まった安全な旅
は、国鉄マンの"技"の集大成だった。

構内踏切
（渡線路）

ホームと改札口を結ぶ
踏切は届け出上「渡線路」

　都市部では近年、小さな駅にも跨線橋や地下道が整備され、線路を渡る踏切で改札口とホーム、あるいはホーム同士を行き来する通称「構内踏切」は姿を消しつつある。理由としては一般的な踏切同様に列車との接触が避けられるという「安全性の向上」はもちろんだが、たとえ

ば下り線ホームに到着した列車から降りたとき、改札口（駅舎）が上り線ホーム側に位置していると、下り列車が発車して行き過ぎるまで"足止め"をくってしまうという時間的ロスの解消、言い方を変えれば「利便性の向上」にも役立つからだ。ただし、このタイプの「踏切」は厳密には構内踏切ではなく、鉄道会社（事業者）が管轄の各国土交通省運輸局に提出する届け出上は「渡線路

／渡線道」と記される場合が多いという。法令上の「構内踏切」は、停車場（駅）構内に位置して道路と交差する踏切を指している。そこを列車の乗降客が行き来するかどうかは関係なく、自動車が通る踏切も多い。駅の近くに、本線から分岐してホームに向かう側線が複数あり、通過列車と停車列車が錯綜（さくそう）して"開かずの踏切"と化しているケースはよく見られる。あれが本来の意味ての「構内踏切」なのである。

ホームと改札口をつなぐ通称「構内踏切」を渡る降車客。厳密には「渡線路／渡線道」として届けられている場合が多い
八高線小宮駅　1983年11月8日
撮影／荒川好夫

通過列車を
見送る駅員

ホームと列車の監視は
駅員業務の最重要項目

　現在では監視カメラの設置など
により、ホームに常駐する駅員の
数は減ってきている。しかし、かつ
ては小さな駅でも特急や急行など
の通過予定時刻に合わせて駅員が
ホームに出て、列車が安全に通過し
終えるまで見送る姿が当たり前に
続けられてきた。国鉄はもとより、
JRや私鉄各社でも駅員のおもな業
務として、この「ホーム監視」を最
重要項目として掲げている。列車が
停車するか通過するかにかかわら
ず、ホームに進入してくる際にはあ
らかじめ決められた手順に従って、
線路上やホーム上の安全を確認す
る。列車が出発・通過した後も、再
度ホーム上や線路上の安全確認を
行う。停車列車の場合、この間に降
車客がすべて無事に下車したか、乗
車客がホームに取り残されていな
いかや、見送り客なども含めて、列
車と十分な距離をとっていない人
はいないかの確認が加わることは
いうまでもない。

東海道本線鷲津駅で、通過する151系特急
「こだま」を直立不動で見送る駅員。筆文
字らしい書体の「わしづ」の縦型ホーロー
引きの、紺色地白抜き駅名標が懐かしい
1964年8月5日　撮影／荒川好夫

キヨスクで販売のミカン

赤い網袋も冷凍ミカンも
小田原駅が発祥の地

　各国鉄駅ホームなどのキヨスク（売店）で販売されている商品といえば、まず真っ赤な網袋に入ったミカンが思い浮かぶ。冬場に旬を迎えた採れたてのミカンと、夏場に"涼"を与えてくれる冷凍ミカンは、どちらも季節の風物詩といえる、なくてはならない旅の友だ。いずれも発祥の地は、東海道本線小田原駅とされている。まず1937（昭和7）年、市内の国府津に拠点を置いた（株）井上の社長が、近くの漁師から破れて使えなくなった漁網をもらい受け、ミカンを入れる網袋としての再利用を思いついた。時間が限られた列車の乗客にとって、中身が一目瞭然で持ち運びやすい網入リミカンは大好評で、売り上げが急上昇したという。さらに戦後、社長は収穫しても余りがちだったミカンの冷凍化を思いつく。冷凍マグロのノウハウを熟知した大洋漁業（現・マルハニチロ）の協力で1956（昭和31）年、冷凍ミカンの商品化が実現。小田原駅で販売を始めるとこれまた大好評で、全国の鉄道弘済会売店で販売されるようになった。

東京駅11・12番線ホームのキヨスクの
平台に山積みの真っ赤な網袋入りミカン
1974年2月14日　撮影／荒川好夫

立ち食いの
駅そば

東は濃口、西は薄口つゆ
中華麺に和風だしも

　"安くて早く食べられる"と、多忙なビジネスパーソンはもとより旅行者にも親しまれているのが立ち食いの駅そば。発祥の地は定かでないが、信越本線横川～軽井沢間が開通した1893（明治26）年の軽井沢駅や、1903（明治36）年開業の函館本線長万部・森の両駅と、諸説ある。駅の立ち食いに限らず、一般的に東日本はそば、西日本はうどんが好まれ、つゆも「東が濃口、西が薄口」で、薬味のネギについても「東が白ネギ、西が青ネギ」といわれている。つゆの境界線はバラエティー番組の「実食ルポ」などによると、太平洋側が愛知と岐阜・三重県境付近、日本海側は富山市が"混在ポイント"という。関西で異彩を放つのが姫路駅の「えきそば」で、戦後まもなく国の統制品とされた小麦粉に替えて、こんにゃく粉とそば粉を混ぜた「そば」の販売から始まり、試行錯誤の末に1949（昭和24）年、中華麺に和風だしといういまに続く「えきそば」が誕生したという。

沼津駅ホームの立ち食いそばスタンド。同系列店の三島駅と同じく薬味は青ネギで、熱海駅以東が白ネギになる
1971年3月20日　撮影／小泉 喬

継電連動装置と
信号・転てつてこ

手動、継電、電子連動から
列車運行管理システムへ

　「継電連動装置」は、駅や操車場
構内の信号機や転てつ器などの制
御を継電器（リレー）の連鎖によっ
て行い、集中管理する機器をいう。
古くは「機械連動装置」と呼ばれる、
構内各所に設置された信号てこ（手
動で棒状の機器）と転てつてこ（同）
を人間が操作することで、信号機と
ポイント（分岐器）を連動させてい
た。これに替わるシステムとして導
入されたのが継電連動装置で、国鉄
では1934（昭和9）年に初めて総武
本線津田沼駅に設置された。信号・
転てつてこは小さな「つまみ」に変
わったが、その後もてこと呼び慣わ
されている。さらに1980年代半ば
にはコンピューターを用いた「電子
連動装置」が開発されている。線区
単位の継電・電子連動装置をまと
めて、1カ所の指令所で操作できる
ようにしたシステムをCTC（列車集
中制御装置）、それに付帯して信号
やポイントをプログラムに従って
自動操作させ、各列車の進路制御
まで自動化したシステムをPRC（自
動進路制御装置）という。さらに新
幹線と一部のJR在来線、私鉄には、
CTCとPRCを統合し、ダイヤが乱
れた際の復旧計画案まで提供でき
るPTC（列車運行管理システム）も、
すでに実用化されている。

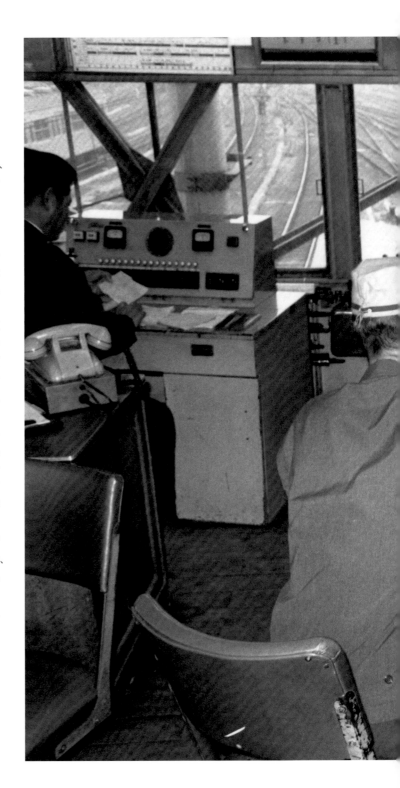

新宿駅信号扱所に設置されていた継電
連動装置。制御盤には信号てこと転てつ
てこが並ぶ　1970年12月2日
撮影／荒川好夫

跨線橋

日本初の跨線橋は
1874年築の西宮駅

　駅施設としての跨線橋は、いわ
ゆる「構内踏切」（106ページ）に替
わって、改札口と各ホームへの行き
来を安全かつスムーズに行えるよ
う設置された人道橋をいう。そのほ
か線路をまたぐ自動車道・歩道の
橋も跨線橋と称されている（道路が

道路をまたぐ橋は「跨道橋」）。日
本で初めて造られた跨線橋は1874
（明治7）年の現東海道本線西宮駅
のもので、記録は残っていないが
同時に大阪駅にも跨線橋が造られ
たと推定されている。新橋〜横浜
（現・桜木町）間の開業から10年後
の1882（明治15）年、途中駅の品
川・川崎・神奈川（1928年廃止）に、
初の鉄製跨線橋が造られている。そ

の後、1890年代から跨線橋が各県庁所在地クラスの駅に次々と造られた。大正時代に入ると旅客の増加や複線化の進行による乗降客の安全強化を図って、全国へ跨線橋が普及していった。近年は橋上駅舎化が進み、純粋なスタイルの跨線橋は数を減らす傾向にある。

国鉄時代の米子駅の鳥瞰写真。東西2つの跨線橋が見える。2022年9月現在、2023年の完成を目指して橋上駅舎の建設工事が進められている　撮影／荒川好夫

仮乗降場

約180カ所のほとんどが
北海道内に設置

　国鉄の「駅」は国鉄本社の認可を受けて設置されているが、「仮乗降場」は各鉄道管理局の判断で設けられる施設だった。総数は約180とみられ、そのほとんどが北海道内、とくに旭川鉄道管理局管内に設置されていた。駅としての認可を受けるには、ある程度の乗降人員確保と施設の整備が必要とされていたが、過疎地帯である北海道ではそれが見込めない。しかし、駅間距離が比較的長い北海道では、とくに中学・高校生から"目の前に列車が走っているのに利用できない。そのため、進学もかなわない"という、悲痛ともいえる声が上がるケースが多かっ

た。公共企業体である国鉄にとって、これを見過ごしておくことはできなかった。線路最寄りの小さな集落の近くに板張りのささやかな片面ホームを造り、1950年代後半から投入され始めた停止・再発進がSL牽引の客車列車に比べて容易な気動車列車を停めた。ただし、仮乗降場には運賃計算のための営業キロが設定されなかったため、利用者は乗車時には「手前の駅から」、下車時には「次の駅まで」の運賃・定期代を支払う必要があった。1987（昭和62）年のJR北海道発足時、ほとんどの仮乗降場は駅に昇格した。

ホーム1面だけの興浜北線元沢木仮乗降場　1983年3月16日　撮影／森嶋孝司

発車標

「字幕回転式」や
人気の「パタパタ」も

　駅の改札口そばなどには列車の
発車時刻や行き先、列車の種別など
を乗客に知らせる「発車標」が設置
されていて、車両のサボ（82ページ
参照）やトレインマークにも似たさ
まざまな形のものが時代によって
使われてきた。最も単純で古くから
使われてきたのが「サボ式」で、そ
れぞれの列車の情報が記された板
を駅員がそのつど取り替えていく。
小さな駅ではいまでも使われてお
り、かつての上野駅中央改札口の上
部にずらりと下がったサボ式発車
標は、"名物"にもなっていた。「行
灯式(あんどんしき)」は行き先（方面）、列車種別、
発着番線が記された面の、該当する
部分を内部から照らして示す対応
で、1950（昭和25）年前後から使わ
れてきた。「字幕回転式」は車両の
「回転幕式トレインマーク」（80ペー
ジ参照）と同様の方式で、情報が印
刷された幕を手動で回転させて表
示する。「反転フラップ式」は通称
「パタパタ」。薄い金属板（フラップ）
を回転させて数字や駅名などを適
宜組み合わせて表示する。1955（昭
和30）年頃から使われ始め、2022
（令和4）年に京急川崎駅のものが
廃止された際には、見物客でホーム
がにぎわった。現在はLED化が進
んでいる。

志布志駅の「字幕回転式」発車標。垂れ
下がったひもで駅員が操作する
1987年1月15日　撮影／松本正敏

鉄道気象告知板

4色の円盤で風と雨と雪とそれ以外の情報伝達

　列車無線が普及する以前、運行中の列車の乗務員に気象などのさまざまな情報を即時伝達するのは、簡単なことではなかった。気象情報は各鉄道管理局の担当者が最寄りの気象台に確認し、その情報を「鉄道電報」で駅や保線区などの運転関連現場に伝達した。各現場では

ホームや詰所の壁など、通過中の運転士らから見やすい場所に「鉄道気象告知板」を掲出して情報を伝えた。4色の円盤があり、赤が風、青が雨、緑が雪、オレンジがそれ以外の情報であることを示し、いずれもたすき掛けの白線に黒字で「警戒」と記されていた。さらに中央縦に黒地に白抜き文字で詳細を伝えた。赤（風）なら「強風」「強風雪」など5種、青（雨）なら「大雨」1種、緑（雪）な

ら「雪崩」「電線着氷」など4種、オレンジ色には「濃霧」「大波」「気温下」「気温上」「空気乾燥」の5種が用意されていたようだ。それ以外の情報が手書きされたことがあったかもしれない。

磐越西線磐梯熱海駅のホーム待合室壁面に掲出された「鉄道気象告知板」。「強風雪」への警戒をうながしている　1980年12月16日　撮影／荒川好夫

荷物用クレーン
「テルハ」

巻上機が上下左右に移動
郵便物や小荷物を運搬

　いまも郡山（福島県）など地方の比較的大きな駅には旅客用の跨線橋のほかに、荷物運搬用らしい跨線橋が残されている駅がある。「テルハ（telpher＝跨線テルハとも）」という設備で、エレベーター塔風の内部をホイスト（巻上機）が上下して荷物積んだ台車を吊り上げ、線路をまたぐ部分では梁に沿って左右に移動し、別のホーム上に着いたら再び台車を吊り下ろすという構造だった。郵便物や鉄道小荷物、託送小荷物（チッキ）が盛んに輸送されていた時代、複数の台車を乗降客が錯綜するホーム上で移動させるのは危険だったため、拠点駅に専用のテルハが設置された。降雪が多かったり電化区間にあったりする駅のテルハは、着雪と落下防止のため四方が建屋で覆われているものが多かった。鉄道小荷、託送小荷物物制度が1986（昭和61）年に廃止されたため、多くが撤去された。貨物駅や港湾に接した駅などには、鋼材がむき出しのままの大きな貨物用テルハが設置されていた。清水港駅跡（1984年廃止、静岡市）には1923（昭和3）年に設置された全長100mのコの字形の貨物用テルハが保存され、国の登録有形文化財に登録されている。

熱海駅の小荷物用クレーン「テルハ」。鋼材の一部が確認できる　1987年2月8日
撮影／森嶋孝司

貨車駅舎

車掌車の廃車を再利用
北海道を中心に80カ所

　国鉄の貨物輸送衰退に伴い、1980年代には車掌車・緩急車の需要が減少して廃車が多く発生するようになった。一方で過疎化によって駅の無人化も進み、かつては大勢の乗客が出入りした駅舎も老朽化が目立つようになった。とはいえ、無人化されるほどに乗降客が減った駅舎を新たに建て直すための費用も限られている。そこで国鉄が思いついた方法は、廃車となった車掌車などの車体を改造し、無人駅の駅舎として再利用しようというものだった。それが「貨車駅舎」で、台車などの下回り部分を取り外して車体部分のみが旧駅舎が撤去された付近に、ぽつんと置かれることとなった。もともと頑丈な車体に窓と出入り口は取り付けられていたので、それほど大きな改造は必要としない。比較的前から貨車駅舎とされていた所もあり、最初の貨車駅舎といえる駅がどこなのかは定かでないが、国鉄分割民営化を経て、合わせて80カ所以上の駅が貨車駅舎になった。その7割ほどが北海道に集中していたという。せっかく"第二の人生"を歩むことになった貨車駅舎だが、とくにJR北海道では所属路線や駅そのものの廃止で、次第に姿を消していった。2022（令和4）年現在、全国に残る貨車駅舎は30カ所ほどとみられている。

3両を連ねた珍しい「貨車駅舎」とされた石勝線夕張支線夕張駅（2代、2019年の廃止時の位置とは異なる）　1986年6月9日
撮影／森嶋孝司

手書きの駅名標

辞任直前の国鉄総裁が
水郡線の小駅へ揮毫の謎

　水郡線磐城石井駅（福島県矢祭町）は1970（昭和45）年に無人化され、駅舎も取り壊されて開放式の簡易待合室が建ち、ポールにJR東日本のロゴが入ったシンプルなプラスチックプレートの駅名標が貼られているばかりだ。ところが、磐城石井駅の旧木造駅舎には、国鉄2代

総裁・加賀山之雄の揮毫による、一枚板の堂々とした駅名標が掲げられていた。初代総裁の下山定則は1949（昭和24）年の「下山事件」で変死を遂げたこともあって、その名はよく知られている。後継の加賀山は東京帝国大学法学部から当時の鉄道省に進んだキャリア官僚出身で、副総裁から昇格した人物だった。「新幹線の父」と呼ばれた4代総裁・十河信二の娘婿にあたる。加

賀山の在任中「三鷹事件」（死者6人）と「松川事件」（同3人）、さらに「桜木町事故」（同106人）が立て続けに発生。世論の非難を一身に浴びて1951（昭和26）年8月に辞任した"非運の総裁"ともいえる。駅名標に添えられた年月はまさに辞任のとき。福井県出身の加賀山がなぜ、縁もゆかりもなさそうな水郡線の小駅の駅名標を揮毫したのかは、謎だ。

ちくぜん かつた
筑前 勝田
CHIKUZEN - KATSUTA
うみ

左／国鉄2代総裁・加賀山
之雄の揮毫に拠る水郡線磐
城石井駅の駅名標。記され
た年月は、加賀山の辞任と
一致する　1985年4月28日

上／在職中の一駅員が手書
きしたのであろう勝田線筑
前勝田駅の駅名標
1981年6月14日
撮影／荒川好夫（2点とも）

手書き時刻表

国鉄末期の8年間で
7回続いた運賃値上げ

　国鉄時代、とくにローカル線の駅を訪れると、わずかな本数の列車時刻表が定まった書体や書式に準じるわけでもなく、掲出されていることが多かった。筆達者な駅員には書きやすかったであろう縦書きで、列車番号と発車時刻も漢数字のものも少なくなかった。ダイヤ改正による発車時刻変更のたびに書き直しているため、うまく消しきれなかった箇所が所どころ残されていたりもした。駅舎内にはおもな行き先を記した「旅客運賃表」も掲出され

ていた。国鉄運賃を値上げする際には、国会の議決が必要だった。ところが1977（昭和52）年に国鉄運賃法が改訂され、「経費の増加見込額を限度とする」との条件付きだが、国会の承認がなくとも運輸（現・国土交通）大臣の認可のみで、運賃の値上げが可能となった。これにより、国鉄運賃は翌1978年から分割民営化前年の1986（昭和61）年までの8年間に、1983（昭和58）年を除く7回、値上げを繰り返すこととなった。手書きの旅客運賃表が職員の手でそのたびごとに、書き換えられることになったのは、言うまでもない。

妻線杉安駅の手書きの「発車時刻表」。
筆文字の縦書きで、古い表記の消し残し
がそこかしこにうかがえる
1981年5月17日　撮影／荒川好夫

列車発車時刻表

種別	気	仝	仝	仝	仝	仝
列車名	六二〇	六二二	六二四	六二六	六二八	六三〇
発車時刻	六時四一分	七時四九分	一二時五一分	一六時〇六分	一七時三五分	一九時三八分
行先	宮崎	仝	仝	仝	仝	仝
摘要	えびの(三号)熊本行(宮崎)	錦江(快速)西鹿児島行(宮崎)	門司港行(普通)(佐土原)	にちりん(一二号)西鹿児島行(宮崎)／にちりん(二三号)博多行(佐土原)	にちりん(三四号)小倉行(宮崎)／にちりん(一二号)西鹿児島行(宮崎)	彗星(四号)新大阪行(宮崎)／にちりん(三四号)小倉行(佐土原)

ホームの
ごみ箱

捨てられた雑誌を集め
路上で売る人もいた

　現在のJR駅のごみ箱は、ほぼ同様の形のステンレス製で「カン・ビン／ペットボトル」「新聞・雑誌」「その他のごみ」などと分別されている。しかし、国鉄時代はごみ箱の体裁は"ばらばら"で、箱形でふたが上下するスチール製のものが多かったが、ほかにも駅員が手作りしたらしい木製のもの、円筒形の陶器製のもの、メッシュのかごにポリ袋をかぶせたものやドラム缶のふたをはずして台座に取り付けたものなどさまざまで、ドラム式の洗濯機のように正面側の面に丸い投入口が付いているタイプもあった。表記も「くずもの入れ」が主流だったが、「くず入れ」「ゴミ入れ」などさまざまだった。小さな駅ではそばにほうきとちり取りが置かれていたのも"定番"の情景だった。かつては駅のごみ箱に捨てられたり列車の網棚に置かれていたりした週刊誌や漫画雑誌を拾い集め、歩道上の新聞紙に並べて売る人も見受けられた。買い取り専門の業者も存在していたという。

ドラム缶をホームに置いてごみ箱としている駅も少なくなかった　大船渡線鹿折駅　1984年7月31日　撮影／森嶋孝司

丸形郵便ポストのある駅

「郵便差出箱1号」といい
70年以上もなお現役

　ローカル線の駅を象徴する風景といえば、木造駅舎の出入り口のそばに置かれた真っ赤な円筒形のポストのワンポイントがまず浮かぶ。正面にひさしの丸い差し入れ口があり、「郵〒便／POST」の白抜き文字。下部には鍵穴の付いた四角い取り出し口があり、郵袋を抱えた郵便職員の姿を目にすることも多かった。側面には収集予定時刻表

と、所在地の住所、郵便番号、所轄の郵便局名が手書きで記されていた。このポストは「郵便差出箱1号（丸型）」といい、1949（昭和24）年に登場した。真っ赤に塗られているためわかりにくいが鉄製で、本体は高さ135cm・直径40cm、根石（台座）は高さ20cm・直径60cmと定められていた。角型への置き換えが進んだが、いまも現役で使われているものも少なくない。1951（昭和26）年には初めての角型となる「郵便差出箱3号」も導入された。

ホーム上の待合室

立ち食いスタンドが
併設された駅もあった

　国鉄時代の列車交換が可能な小駅のホームは、特急・急行・準急（1968〈昭和43〉年、急行への統合で廃止）といった優等列車が運行される幹線・亜幹線系では駅舎に接する片面ホームと、離れた島式ホームをもつ2面3線。普通列車ばかりのローカル線では2面2線の対向式ホームの駅が主流だった。いずれの場合も駅舎と離れた側で屋根のないホームには、列車を待つ乗客が風雨をしのげる待合室が設置されている駅がほとんどだった。降雪が多い寒冷地の駅の待合室は四方を壁に囲まれた建屋で、ストーブが設置されている所もあった。一方で温暖な地域の駅の待合室は、ホーム側の一面に壁のない開放式のものが多かった。待合室にはその駅ならではの趣向が凝らされていて、駅舎と似せた造りになっていたり、ベンチに手作りの座布団が置かれていたりした。また、「おでんうどん」が名物だった備後落合駅（広島県、芸備・木次線）のように、待合室に立ち食いスタンドが設けられている駅もあった。現在のローカル線では列車本数の削減により棒線化（交換設備の撤去）が進み、待合室も不要となって撤去されたケースが目立っている。

駅舎と離れた側のホームに建つ開放式の待合室で列車を待つ乗客たち　吉備線吉備津駅　1983年5月4日　撮影／森嶋孝司

ダッチングマシン

硬券への「日付印字器」
オークションで高値に

　きっぷには元号で年月日が標記されるため、いまでも同じ数字が並ぶ日付の入った入場券を求めて駅を訪れる人も少なくない。地方の中小私鉄や第三セクターなどでは、"この日のために"わざわざ古いタイプの硬券（26ページ参照）を製作している駅もある。硬券に日付を入れる器機を「ダッチングマシン（Dating Machine＝日付印字器）」という。硬券を器機の中間部に設けられたスリット（横方向の切れ込み）に通すと、あらかじめ設定されていた日付がすぐに印字される。出札窓口の職員がいちいち手書きする手間が省け、改札口の職員も日付の数字が確認しやすいことから、硬券を取り扱う出札窓口には必ず常備されていた。ダッチングマシンのメーカーは菅沼タイプライター（名古屋市、現・スガヌマ）と天虎工業（東京都府中市）の2社だったが、いずれも1990年初頭頃までに生産を終了し、現在は製造されていない。「カチャン」という音の響きと手ごたえを好むファンも多く、現在も中古品のダッチングマシンがネットオークションに数万円単位で出品されていたり、硬券「B型券」と同サイズ・同質のボール紙（厚さ約0.7㎜、縦2.5㎝×横5.75㎝）が書店の鉄道用品コーナーで販売されていたりもする。

出札窓口で定期券を作成する職員の左手と「硬券切符販売棚」との間に置かれた「ダッチングマシン」 呉線小屋浦駅 1971年
撮影／小泉 喬

有人改札

国鉄に導入されなかった自動改札機

　自動改札機が普及する以前、改札口でのきっぷの入鋏や券面の確認はすべて駅員の目視によって行われていた。改札口は「ラッチ」と呼ばれ、仕切りごとに駅員が一人ずつ立って業務を行っていた。大きな駅のラッチは扉が付いたステンレス製で、小さな駅は木組みや鉄パイプ製のものが多かった。日本で初めて実用化された自動改札機は1967(昭和42)年、京阪神急行電鉄(現・阪急電鉄)千里線北千里駅に設置された、立石電機(現・オムロン)製の

ものとされる。以降、関西圏の私鉄を中心に自動改札機の導入が進められた。関西圏が先行したのは関東圏に比べて他社との相互乗り入れが比較的少なかったためだ。さらに国鉄では、自動改札機の導入が合理化に直結することから組合側の反発が強く、1987(昭和62)年の分割民営化まで実用化が進められることはなかった。自動改札機はJR化以降劇的な進化を遂げ、現在は有人改札はもとよりきっぷ対応の自動改札機も数を減らし、電子マネー機能などを備えた交通系ICカードの使用が主流となっている。

左／大きな駅ではステンレス製のラッチが多かった　上野駅　撮影／荒川好夫

下／鉄パイプ製のラッチに立ち、通学生の定期券を確認する駅員　水戸線折本駅　1970年5月　撮影／国鉄広報部

自動券売機

現在に続く基本形は
1978年導入の「V53型」

　いまでは有人出札窓口も数を減らし、JR各社はみどりの窓口の閉鎖を進め、指定席券や定期券さえも自動券売機での購入を推奨している。日本で初めて自動券売機が登場したのは1926（大正15）年4月の東京・上野駅とされ、乗客が手動レバーを操作するとあらかじめ印刷された硬券が出てくる、単純な構造だったという。国鉄が発売金額の異なるきっぷを1台で発券できる「多能式自動券売機」を実用化したのは1964（昭和39）年で、1966（昭和41）年からは硬券に替わって、薄く用紙が多く入れられる軟券用の機器の導入が進められた。自動券売機の数が少なかった頃は単体の機器がコンコースに置かれていたが、1968（昭和43）年に「自動券売機コーナー」が設置されるようになった。現在の高機能の自動券売機の基本形となったのは、1978（昭和53）年に開発された「53V型」とされる。硬貨はもちろん、1000円、5000円、1万円紙幣が使え、1000円札でのつり銭返却も可能とされた。「53V型」は1987（昭和62）年の分割民営化以降JR各社に引き継がれ、各社独自の進化を遂げていくことになる。

現在の自動券売機の基本形となった「V53型」が並ぶ東京駅の自動券売機コーナー　撮影／荒川好夫

鉄道手荷物

運搬途中に壊れても
"荷造りが不十分"で納得

　国鉄の荷物輸送には、原則乗客が乗るのと同じ列車の荷物車に荷物を載せて運ぶ「託送小荷物（チッキ、手荷物）」と、現在の宅配便に近いスタイルの「鉄道小荷物」という2つの制度があった。鉄道小荷物は「1個30kgまで、縦・横・高さの合計が2m以内」で、宅配便より荷送人（送る側）が事前に"しなければならない"ことが多かった。まず、段ボール箱をしっかり閉じ、上面に黒色マジックペンで荷送人名と届け先を明記する。段ボールは荒縄か丈夫なひもで縦横に縛る。「鉄道荷札」に必要事項を記載し、針金で荒縄にくくる。そのうえで最寄り駅の「手小荷物取扱所」へ自分の手で持ち込み、職員に秤で荷物の重さを量ってもらって所定の運賃を現金で支払う。しっかり荷造り（梱包）しておかないと、荷物が破損したり箱が破れたりする可能性が高かった。運搬途中に壊れても"荷造りが不十分"で、互いに納得するような時代だった。託送小荷物と違って到着日時ははっきりしておらず、荷送人と届け先との確認のやりとりは必須だった。鉄道小荷物と託送小荷物制度は分割民営化直前の1986（昭和61）年11月、ともに廃止された。

計量用の秤がずらりと並ぶ東京駅の「手小荷物取扱所」。どの段ボールも荒縄などでしっかり荷造りされている
1970年8月21日　撮影／河野 豊

駅舎に大量の広告

広告料金は駅によって 100倍以上の差

　国鉄に限らず、駅や車内など鉄道関連施設には数多くの多種多様な広告類が掲出されている。一見無秩序のようだが、国鉄は「日本国有鉄道広告取扱規則」を定めていて、屋外広告法や公職選挙法、道路法に基づき「広告媒体としての国鉄の施設を公正かつ適正に運用する」（同規則第1条）としていた。広告の種類と企画も厳密に定められていて、たとえば「旅客車中吊りポスター」は縦36.4cm×横51.5cmで、「旅客車

内つり革広告」は縦15.0cm以内×横5.5cm以内、「扇風機カバー広告」は直径23.0cm以内で、駅ポスターと船舶額面ポスター以外については例外が許されていなかった。広告料金も路線別に定められていて、1982（昭和57）年3月30日に施行されていた金額でみると、旅客車中吊りポスターの場合、掲出期間2日間に対して、通勤路線の最高額が山手・赤羽線の1枚につき650円と突出していて、中央本・総武本・武蔵野・青梅・五日市線が308円で次ぐ。田端〜品川間で山手線と共通乗車が可能な京浜東北線は、南武・鶴

見・横浜・根岸線とひとくくりにされて144円と、案外安かった。駅の等級も東京・横浜などの1等駅から駅員無配置駅（無人駅）などの31等駅に細分化され、広告掲出場所によっても料金に差があった。「特種広告」でみると、掲出期間3カ月の基準料金は、1m²あたりの最高値が3万4740円に対し最安値は360円と、100倍以上の差があった。

多種多様な広告が掲出された新潟駅舎の壁面。大きさなどによって厳密な料金が定められていた
1983年5月24日　撮影／森嶋孝司

4章

記憶に残る鉄道施設

なんだかよくわからないが、なんとなく気に
かかる——。列車通学・通勤や旅の途中、そ
んな存在が車窓からの風景のなかにいくつも
あった。素っ気ないしつらえながら、機能美
を感じさせてくれる、鉄道施設に秘められた
"不思議"の本質をひも解いてみる。

手動転てつ器

白黒に塗り分けられた「ダルマ」で方向を判別

　鉄道のポイント（分岐器）は、電気リレー式の「継電連動装置」（114ページ参照）が導入されるまで、「手動転てつ器」（転てつてこ）によって方向を切り換えられていた。「てこ」の由来は軽い力で物体を操作できる「てこの原理」とみられる。最も単純な形態の転てつてこは、ポイントのすぐそばに設置されていて、定位（通常定められている方向）と、逆方向の反位とを手動のレバー操作によって切り換える。レバー上部には「ダルマ」と呼ばれた円盤状のおもりが取り付けられた「錘付き転換器」タイプのものが多かった。おもりの重量（約40kg）によりレールの

密着度を高める効果があった。ポイントの方向が判別できるように、おもりは半分が白く塗られていた。白い部分が上なら定位、下なら反位となる。故障率は低いものの密着度が低いため、重い機関車や高速列車が頻繁に行き来する本線では使われなかった。転てつ器には「転てつ標識」（58ページ参照）が併設されているものもあり、入換作業にあたる職員などもポイントの定位と反位が一目で判別できるようになっている。手動転てつ機は操作の単純化を図って、ホーム上の転てつ器小屋にまとめられることもあった。ポイントとの間はワイヤーでつないでいたため、遠く離れた箇所の切り換えの際は、目いっぱい力を入れる必要があったという。

転てつ標識が付いた手動転てつ器のそばを進むD52形404号機　五稜郭機関区
1971年5月26日　撮影／荒川好夫

電鐘式
踏切

鉄製とアルミ製があり
JRからは消滅

　現在の踏切はほとんどが録音された警報音を鳴らすだけの「電子音式」がほとんどだが、かつては踏切装置に取り付けられている鐘や鈴を実際に鳴らす「電鐘式（電鈴式）」がほとんどだった。電鐘式踏切は電鐘を鳴らすためのモーター電源が変圧器と歯車を通じて警報灯と連動しているため、警報音と警報機の点滅がシンクロしている。電鐘の材質は古くは砲金、のちに鉄（合金）製を経てアルミ製に置き換わってい

る。砲金製は消滅したとみられ、鉄製もほとんど姿を消し、アルミ製も数を減らした。三岐鉄道三岐線には2022（令和4）年現在、鉄製電鐘が1つ（大矢知5号踏切）、アルミ製電鐘が2つ（山城6号踏切・梅戸井2号踏切）が現役で使われ、訪れる"音鉄"ファンも増えている。鉄製の電鐘はアルミ製よりも澄んだ音を響かせるという。JR各社からは電鐘式踏切は失われた。

電鐘式だった中央本線西荻窪〜吉祥寺間の踏切警報機。高架化工事が進んでいるのがわかる　1966年6月20日
撮影／荒川好夫

枕木転用の柵

大きさがそろっており
柵や通路などに再利用

　軌道に敷かれた枕木は現在、木製からPC（プレストレストコンクリート）製のものやスラブ軌道（枕木とバラスト〈砕石〉を一体化したコンクリート製の連続プレート）への置き換えが進められている。木製枕木には国産品がヒノキやクリ、ヒバなど、輸入品が東南アジア産のケンパス材など、耐久性の高い樹木が使われており、クレオソート油（コールタールの蒸留液）による防腐処理も行われているため、枕木としては廃用になっても、ほかの用途に再利用されることが多い。サイズも最も多く使われている狭軌（1067㎜）用の「並枕木」が長さ2100㎜×幅200㎜×厚み140㎜と均一のため、とくに柵や通路の路面用などとしての再利用に向いている。中古品としての流通価格はケンパス材の場合、最高の「特A」クラスで1本9000円ほど、最低の「B－B」クラスで2000円ほどという。重さは1本50㎏ほど。近年はPC製の中古マクラギも1本2500円ほどで流通していて、鉄筋が入っているため重く（約160㎏）頑丈で、重量物を一時保管する際の土台とする「りん木」や駐車場の車止め、土留めなどに用いられているという。

木柵として再利用された古枕木の列
浜田機関区　1963年7月24日

撮影／荒川好夫

融雪カンテラ

携帯灯油バーナーで
ポイントの凍結防止

　深夜も列車が運行されたり車両や線路などの点検が行われたりしている鉄道施設では24時間365日、明かりが途絶えることはない。電灯は白熱灯から蛍光灯、さらにLEDへと"進化"していったが、鉄道員にとって「カンテラ」(52ページ参照)は、いまなお捨て去りきれない大切な存在だ。冬場の駅や車両基地などで、線路の所どころに小さな炎が上がってみえることがある。幻想的とも見える夜景だが、近隣の住民から「線路が火事!」との

問い合わせや通報が寄せられることもあるという。この灯火は「融雪カンテラ」といい、国鉄時代から年に数回しか雪が降らない程度で、融雪設備のない駅や操車場などに常備されている。その名のとおり灯油を燃やして、ポイント(分岐器)の融雪や凍結防止を担う大切な器具だ。細長く薄手の燃料タンクの上部隅にコンロ上のバーナー、中央部に手提げ用の金属棒が取り付けられている。保線職員は積雪が予想される前日に、融雪カンテラを下げて各ポイント部分に向かう。燃料タンクの幅は枕木のあいだにすっぽり収まるサイズで、職員はカンテラを差

し入れ点火して回る。直火による着雪防止・融雪効果は高く、大規模な設備を設置しなくてもいい融雪カンテラはコストパフォーマンスの高い装備で、いまもJR各社はもとより、首都圏・関西圏の大手私鉄などでも重宝されている。

右/融雪カンテラはポイント可動部分に適宜置かれる　新宿駅
1980年1月13日　撮影/荒川好夫

下/雪の日の中央本線三鷹駅。信号灯や電車の前照灯などとともに、構内各所のポイントに設置された融雪カンテラの炎
1983年2月17日　撮影/荒川好夫

可動橋

関西本線構外側線の
末広橋梁が唯一の現役

　航路となっている河川や運河などを渡る鉄道の橋梁では、列車と船を"共存"させるための可動橋が設置された。貨物輸送の衰退によってとくに臨港貨物線に設けられていた可動橋は激減し、2022（令和4）年現在、現役で使われているのは関西本線の構外側線四日市駅〜四日市港間の千歳運河に架かる末広

橋梁（1931〈昭和6〉年完成）のみとなった。同橋梁は国の重要文化財に指定、経済産業省の近代化産業遺産と日本機械学会の機械遺産に認定されている。可動橋にはいくつかのタイプがあり、末広橋梁や名古屋港跳上橋（国の登録有形文化財、近代化産業遺産、土木学会選奨土木遺産）、隅田川駅跳上橋などは橋桁の一端をワイヤーロープで昇降させる鋼索型跳上橋で、いずれも山本卯太郎の設計。旧佐賀線筑後川橋

梁（国重文、機械遺産）は橋桁の一部が上下に可動する昇開橋となっている。日本の鉄道橋には存在しないが、橋桁が中央の橋脚を支点として水平方向に90度回転する旋回橋、橋桁が片岸側に動く引込橋などもある。

鋼索型跳上橋タイプだった桜島線
安治川口〜桜島間の可動橋
1987年2月19日　撮影／森嶋孝司

再利用されたラックレール

各所の側溝のふたや柵「めがね橋」にも残存

　信越本線横川〜軽井沢間11.2km（1997〈平成9〉年廃止）は、碓氷峠を越える最大66.7‰パーミルという急勾配のために通常の粘着式運転での運行をあきらめ、機関車に歯車を付け、レールの間に「ラックレール」と呼ばれる歯車に合わせた形のガイドレールを敷く「アプト式鉄道」として敷設された。この方式は1963（昭和38）年に廃止され、粘着式の新線に切り替えられたが、ラックレールは各所で再利用されたり保存されたりして、いまもその姿を見ることができる。側溝のふたや柵として使われたり、意外なところでは遊歩道となった「めがね橋」こと旧碓氷第三橋梁の最上部から旧国道18号側へ突き出している電力線のステー（電線の支柱）だったり。ラック式の旧線が現役だった時代から、古いラックレールの再利用が行われていたことになる。なお、アプト式鉄道は1990（平成2）年、大井川鐵道井川線アプトいちしろ〜長島ダム間の新線で復活している。

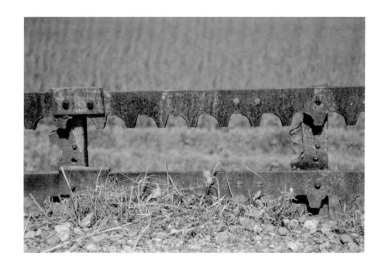

左／上越線八木原〜群馬総社間の踏切の側溝　2008年11月29日
上／信越本線横川〜軽井沢間の柵として再利用されていたラックレール　1997年6月29日　撮影／荒川好夫

第4種踏切

警報機付き踏切の2倍に及ぶ危険性は解消されず

　鉄道の踏切は、警報機と自動踏切遮断機または踏切保安係が手動操作する遮断機がある「第1種」、一定の時間だけ踏切保安係が遮断機を操作する「第2種」（現在、国内にはない）、警報機だけで遮断機のない「第3種」、警報機も遮断機もない「第4種」に区分されている。踏切は国鉄時代から安全対策のための立体交差化や廃止が進められて数を減らした。国鉄分割民営化の1987（昭和62）年、国土交通省は「普通鉄道構造規則」で第4種踏切の新設を禁じ、今後増えることはなくなった。しかし、国交省のまとめでは2019（平成31）年3月31日現在、第1種2万9748カ所、第3種698カ所、第4種2652カ所、合わせて3万3098カ所もの踏切が、全国各路線に残されている。それぞれの踏切事故発生件数は第1種207件、第3種5件、第4種35件（いずれも2018年）で、100カ所あたりの件数に換算すると、第1・3種の0.69件に対して第4種は1.28件と、2倍近くも高い比率で発生している。第4種踏切の多くは地元の請願で設置されたといい、利用者は多くない。対費用効果コストの問題もあって第3種への格上げ（警報機の設置）は進まないが、鉄道事業者や自治体からの「踏切廃止」の打診を地元側が拒否するケースも多い。予算のめどがついても「警報機の音が騒音にあたる」との近隣住民側の意向で、設置をあきらめざるを得ないこともあるという。「踏切事故の撲滅」は鉄道開業以来150年にわたる大きな懸案事項だが、「利用者の注意を喚起する」以外、抜本的な対策はなされていない。

全国にいまも2600カ所以上が残る「第4種踏切」
芸備線白木山～狩留家間　1979年7月30日
撮影／荒川好夫

木製の架線柱

1950年代まで人件費より
高くついたコンクリート

　建設・設備資材用の鋼材や鉄筋コンクリートが普及する以前は、鉄道施設でのあちこちに木材が使われていた。いまでは思いも及ばないことだが、1950年代まではコンクリートは案外高価な資材で、たとえば大井川鐵道井川線の車窓からよく望める、大井川を堰き止めた中部電力の井川ダムは1957（昭和32）年の完成だが、巨大な堤体（堤高103.6ｍ、堤頂長240ｍ）の内部はコンクリートを節約するため、一部を空洞とした「中空重力式コンクリートダム」という型式で造られている。この型式のダムは全国に13カ所建設されたが、コンクリートの価格が下がり構造が複雑だったため施工に手間がかかり、それに伴い人件費が高騰したこともあって、1974（昭和49）年完成の内の倉ダム（新潟県新発田市）を最後に造られなくなった。"人からコンクリートへ"の時代だったのである。逆に国内産の木材は良質なものが数を減らしていったこともあり、国鉄の木造駅舎や木製の架線柱なども次第に安くて頑丈な鉄筋コンクリート製へと置き換えられていった。

木製の架線柱が連なっていた東海道本線三島〜函南間を走る、EF65形1000番代牽引の寝台特急「はやぶさ」
1978年11月29日　撮影／荒川好夫

「ハエたたき」
電信柱

1回線あたり2本必要
だった鉄道電話の通信線

現在でも中小私鉄の一部などに残っているが、国鉄時代は線路に沿って続いていた電線の数がやたらに多く、電柱（電信柱）の腕木（横方向の支柱）にはそれと同じ数の碍子（ガイシ）が取り付けられていた。これらの電信柱は見た目が似ていることから「ハエたたき」と呼ばれていた。電線は鉄道電話などに用いられた「通信線」で、2本で1回線分だったため、とくに駅数の多い幹線沿いには多くの本数を設置せざるを得ず、「ハエたたき」は大きく造られていた。逆に駅数が少ないローカル線の「ハエたたき」は、小さい（通信線が少ない）ものだった。1本で複数の回線を確保できる通信ケーブル化、さらに安全性向上のための地下化によって、「ハエたたき」は数を減らしていった。線路際でよく見られるコンクリートの帯状の連なりが、通信ケーブルなどの覆いである。

線路に沿って続く電信柱の「ハエたたき」
石北本線生田原～常紋信号場間
1974年7月12日　撮影／荒川好夫

保線小屋

保線職員詰所・宿泊所兼
重い工事機材の保管場所

　国鉄時代の各路線の沿線では、いろいろな鉄道関連施設の「小屋」が目についた。とくに多かったのが保線職員の詰所兼機材置き場の「保線小屋」だった。かつての保線作業はとにかく"人海戦術"で、古くは「線路工夫」とも呼ばれた多くの職員が沿線に点在する保線施工箇所を歩いて回っていた。場所によっては所属の保線区や保線支区まで戻って翌日出直すより、保線小屋に泊まって作業を続けたほうが効率のいいこともあり、宿泊用に畳が敷かれた小上がりを設け、布団を置いていたところもあった。工事用機材もつるはし程度なら持って歩けるが、大きなものだとそうはいかない。保線小屋はそれらの一時保管所としても活用された。あちこちの駅のホームにれんが積みの「ランプ小屋」が残っているが、あれもカンテラなどに用いる油類などを保管していた小屋で、駅員はもとより保線職員が使う分の燃料も保管するための施設だった。

積雪が多い地域だったせいか、頑丈の石組みの外壁に覆われた「保線小屋」上越線岩原スキー場前臨時駅〜越後中里間　1982年9月6日　撮影／高木英二

菅公、忠臣服、ニッカウヰスキーなどの看板が貼られた牟岐線阿波福井〜由岐間の民家　撮影／荒川好夫

沿線のホーロー看板

学生服や蚊取り線香など
"昭和の香り"を残す

　駅名標などに用いられていたホーロー引き（82ページ参照）の手法は、沿線に掲げられた数多くの商業用看板にも用いられていた。とくに目についたのが「菅公学生服」（本社・岡山市）のもので、修学旅行の児童・生徒や旅行中の父母らにアピールする目的だったようだ。そのほか同じ大日本除虫菊（大阪市）

の蚊取り線香「金鳥」と殺虫剤「キンチョール」が並ぶところも多く、アース製薬（東京都）の蚊取り線香「アース渦巻」の由美かおると殺虫剤「ハイアース」の水原弘、大塚食品（大阪市）の「ボンカレー」の松山容子、大塚製薬（東京都）の炭酸栄養ドリンク「オロナミンC」の大村崑ら、CMタレントの写真でアピールを図ったタイプも多かった。掲出はテレビCMや新聞広告などのように代理店を通さず、各社の営業担当

社員が列車の車窓からよく見えた家などを直接訪ねて依頼したケースが多かったという。ホーロー引きの看板はテレビの普及によって数を減らしたが、そんな形態で掲出契約期間がとくに定められていなかった家屋に、そのまま残されているケースも多い。近年は"昭和の香り"の象徴として民俗学系の博物館に展示されたり、ネットオークションに高値で出品されたりすることも増えた。

5章

失われゆく国鉄名場面

懐かしい思い出を抱かせてくれた国鉄の風景
には、分割民営化から30年あまりを経て失
われてしまったものの少なくない。もはや記
憶のなかでしか出合うことのできなくなった
「国鉄名場面」を、レンズごしにとらえられ
た記録のなかから拾い出してみる。

カニ族

キスリングを背負った
若者の横歩きが由来

　国鉄は1956（昭和31）年の北海道を皮切りに、東北、四国、九州などへの往復と各エリア一帯の普通・急行列車が最長20日間乗り放題となる「均一周遊乗車券（のちワイド周遊券）」を発売した。長い休みがある学生・生徒の需要を見込み、学割を普通乗車券の2割引から3割引としていた。このきっぷは高度経済成長により"ふところが豊かになった"1960年代以降売れ行きが伸び続け、とくに北海道が人気を呼んだ。当時、長距離旅行や登山用に横長で容量の大きな「キスリング」タイプのリュックサックが流行していて、若者たちがこれを背負って列車の狭い通路などを横歩きする姿がカニに似ていることから、1967（昭和42）年頃から「カニ族」と呼ばれるようになった。当時の北海道には長距離夜行急行・普通列車が函館・札幌から各方面へ運行されていたことから、若者たちはこれを旅館代わりに活用し、深夜の途中駅で折り返した。1970（昭和45）年にエリアが狭く有効期間の短い「ミニ周遊券」も発売された。しかし、その後急行の特急格上げが進められながら特急自由席の利用は認められず、乗車できる列車が減ったことから周遊券は衰退した。

函館本線の急行「ニセコ」の車内を
埋めた「カニ族」の若者　函館駅
1973年8月19日　撮影／荒川好夫

列車の
後方展望

ナハフ20形に展望室
国鉄末期に改造展望車も

　国鉄が公共事業体となった1949（昭和24）年、戦前に製造されて進駐軍の接収を免れた展望車、マイテ39形を戦後初の特急「へいわ」（翌1950年から「つばめ」）に連結した。走行中に吹きさらしの展望デッキへ出る1等車の乗客はほとんどいなかったというが、後方展望が楽しめる車両だったことは間違いない。国鉄の展望車は1960（昭和35）年までに廃止されたが、1958（昭和33）年にデビューした寝台特急「あさかぜ」最後部に連結された貫通扉のないナハフ20形に、車掌室を除いた半室分の展望スペースが設けられた。空調の利いた"半展望室"は人気で、明るくなった時間帯にはカメラを抱えて走行中にすれ違う対向列車を撮影しようとする、いまでいう"撮り鉄"ファンでにぎわったという。20系は1998（平成10）年までに廃車となったが、国鉄では1983（昭和58）年に名古屋工場改造の「お座敷列車」スロフ12形や1987（昭和62）年に多度津工場改造の「アイランドエクスプレス四国」オロフ50形に、開放式の展望スペースが設けられている。

「九州観光号」の最後尾から撮影した対向の151系特急「こだま」展望車からの後方展望をイメージさせる　東海道本線磐田〜袋井間　1963年10月13日　撮影／荒川好夫

スキー客の大行列

「スキー場名＋銀嶺」の臨時列車オンパレード

1972（昭和47）年の札幌五輪をきっかけに巻き起こったスキーブーム（50・51ページ参照）は、全国に広がった。これに合わせて「スキー臨」と呼ばれた臨時列車がおもに土休日、北は北海道から南はなんと九州まで、スキー場最寄りの各路線に運行された。当時の『時刻表』を見ると、「スキー場名＋銀嶺」という列車名の急行がほとんどだった。北海道に「ニセコ銀嶺」「しろがね銀嶺」「スキー臨時川湯銀嶺号」など。東北に「ざおう銀嶺」「陸東銀嶺」、水戸が起点の「ひたち蔵王銀嶺」「仙山スキー」など。上信越に「上越平日（金曜、ナイターなども）銀嶺」「白馬銀嶺」など。毛色の異なる列車名としては上越線の特急「新雪」、山陰本線の急行・快速「ジャンプ大山」があった。札幌五輪70m級（現・ノーマルヒル）スキージャンプ競技で、「日の丸飛行隊」と呼ばれた笠谷幸生・金野昭次・青地清二選手が金・銀・銅メダルを独占したことによる"スキー＝ジャンプ"のイメージが由来だろうか。臨時らしく運行ルートが珍しい列車も目立つ。「ジャンプ大山」は糸崎・岡山〜米子間、「九州銀嶺」は熊本〜米子間のロングラン。シンプルに「銀嶺」という列車も帯広〜糠平間、大阪〜大垣間、博多〜米子間にそれぞれ存在した。

長い列をつくったスキー客たち。左端は秋田発上野行きの急行鳥海1号でスキーシーズンには臨時停車をしていた。EF16は下り貨物　上越線越後中里駅 1971年1月17日　撮影／小泉 喬

かさ上げホーム

車両の大型化などに伴い
高くなっていったホーム

　古い時代に作られた駅のホーム
は低いものが多く、車両の大型化と
ともにホームのかさ上げが行われ
ていった。とくに開業が鉄道草創期
にあたり、通勤形電車が頻繁に運行
される東京周辺や京阪神地区では、
明治の古い客車に合わせた極めて
低いホームからステップ付き車両
へ、通勤形電車の床面にそろえた高
さへと、だんだんホームが高くなっ
ていった。米原駅などでホームの側
面を見ると、ざっと4段ほどのかさ
上げ跡が確認できる。ただし、関連
全駅のホーム全体のかさ上げ工事
には莫大な費用がかかるため、短編
成化がなされた区間では一部のみ
のかさ上げにとどめられた駅も少
なくない。駅舎や跨線橋に近い部分
からホーム末端に向かうにつれて、
次第に低くなっていくケースもとく
に地方幹線・亜幹線系の駅によく
見られる。ステップ付きの車両とな
しの車両で、停車位置をずらしてい
る駅もある。近年はバリアフリー対
策強化もあってステップ付きの車
両をやめ、低床式の車両を導入した
線区も多い。

列車を待つ乗客がホームの床面に座る。
足元の側面には一段かさ上げされた跡
が確認できるが、それでも客車のステッ
プ下部より一段低い　小海線小海駅
1972年6月25日　撮影／荒川好夫

66.7‰の勾配標

アプト式から代わった
「峠のシェルパ」

　信越本線横川〜軽井沢間（1997〈平成9〉年廃止）はアプト式の旧線から粘着式の新線に切り替えられた（158ページ参照）。しかし、最大66.7‰の急勾配が解消されたわけではなく、アプト式のED42形に代わって「峠のシェルパ」と呼ばれた専用補助機関車のEF63形が新製投入された。いちばんの特徴はブレーキ装置の強化で、通常の空気ブレーキに加えて速度を一定以下に抑える抑速ブレーキと、緊急時には電磁石を線路に吸着させて制動力を強める電磁吸着ブレーキなども装備された。さらに下り勾配時の速度を検知して、制限速度を超えると非常ブレーキが作動する過速度検知装置も搭載されている。EF63形は常時重連（2両連結）で運行され、急勾配を登る下り列車では列車の後部に付いて押し上げ、降りる上り列車では先頭に付いてブレーキと重しの役割を果たす。のちにこの区間用にEF63形との「協調運転」を可能にした電車が開発されたことにより、協調運転装置も追加されている。EF63形は横川〜軽井沢間の廃止に伴い全車廃車となったが、旧横川運転区構内にオープンした碓氷峠鉄道文化むらに4両が動態・3両が静態保存。ほかに3両が各地で静態保存されている。

66.7‰の勾配標と「峠のシェルパ」EF63形　信越本線熊ノ平信号場〜横川間　1988年7月25日　撮影／森嶋孝司

ドアを開けて走る列車

客車は空気圧縮機がなく自動ドアの設置が不可能

　国鉄の客車でドアが完全に自動化されたのは1969(昭和44)年から製造された12系で、電車や気動車に比べて遅かった。全車に空調装置を備えて「走るホテル」と称された1958(昭和33)年デビューの寝台特急「あさかぜ」20系もドア扱いは手動式で、走行中は車掌室からの操作で自動一斉ロックがかかるものの、乗降時は各車両に配置されていた「列車給仕(ボーイ、のち車掌補)」がドアを開閉していた。1978(昭和53)年以降は車掌補の廃止によってドアの開閉は乗客の手に委ねられたが、自動ドアと思い込んで降り損ねたり、ドアが開いたままで運行したりといったトラブルが頻発したという。客車の自動ドア設置が遅れたのは、12系までの客車にはドアエンジンに必要なコンプレッサー(空気圧縮機)が搭載されていなかったため。機関車にはコンプレッサーが積まれていて、客車に空気ブレーキ用の圧縮空気を供給していたが、これをドア開閉用に使ってしまうと減圧で肝心のブレーキに障害が発生してしまう。コンプレッサーを搭載せずに自動ドア化した50系(1977〈昭和52〉年から製造)は、ブレーキ管とは別にドア用圧縮空気を供給できる装置を備えた機関車でないと、牽引できなかった。

12系以前に製造された客車には自動ドアが設置できず、混雑時や夏場の暑い日などには乗客がドアを閉めないままで運行されることもあった　日豊本線重富～帖佐間
撮影／荒川好夫

レールを歩いて帰宅

線路の上を歩いて帰宅する子どもたち　妻線黒生野駅
1981年5月17日　撮影／荒川好夫

余部橋梁を歩いて渡り
鎧駅と行き来した住民ら

　安全意識が現在ほど高くない時代、列車の運行本数が極めて少ない地方のローカル線では、駅から自宅への"近道"として線路上を歩いたり、道路橋が遠い箇所では鉄道橋を

渡ったりする人も少なくなかった。まれに運行された臨時列車の存在に気づかず、人身事故に至ったケースもあったという。山陰本線の餘部駅は余部集落をまたいでそびえる余部橋梁の最寄りとして観光客にも愛用されているが、同橋梁を含む香住〜浜坂間が開通した1912（明治45）年の時点では、餘部駅は設置されていなかった。余部集落の住民が山陰本線を利用するには、斜面を登って線路上に出て、全長310.7m（当時）・高さ41.5mの余部橋梁を渡り4つのトンネルを抜けて、東へ約2km離れた鎧駅までたどり着くしかなかった。住民の請願によって駅の設置が決定されたのは1950年代になってから

で、建設時には子どもたちも含めた住民が一丸となって工事関係者の手助けをした。餘部駅が開業したのは山陰本線・余部橋梁の開通から47年後、1959（昭和34）年のことだった。

新聞を読みながら 電車を待つ

車内でスペースを取らず 新聞を読む方法があった

　JRが国鉄だった頃、朝の通勤電車に乗っていたサラリーマンの多くは新聞の朝刊を手にしていた。今よりも電車の混雑ははるかに激しく、車内で新聞を読むのは大変だったようだが、日々の経験や上司・先輩らからの口コミなどで、案外スペースを取らなくて済む"新聞の読み方"があったという。まず、自宅で不要と思われる全面広告と即時性の薄そうな学芸面や家庭面、株取引をしていなければ商況面も抜く。抜いた紙面はかばんに入れて昼休みに読むか、自宅に置いておく。続いて配達時には横2つ折りになっている新聞を、縦2つ折りにたたみ直す。1面から順に読む人は最終面のテレビ欄を谷折りに。このとき、できるだけ縦折りにした部分に折りぐせを付けておくのがコツ。まず1面の右側を読み、裏返して左側へ。縦折りのままめくると3面の左側が現れるので、裏返して2面の右側を読む。折り返して2面の左側を読み、裏返して3面の右側へ。折り返して3面の左側へ……、の動きを繰り返していく。車内で読む新聞は枚数が少なければ少ないほど、裏返しと折り返しがしやすい。新聞を縦2つ折りにしたときの横幅は約20cm。折り返しと裏返しのコツが身につけば、新聞は肩幅より広がらないという。

電車を待つ間にホームで新聞を広げて読む人たち。混んだ車内でこんな読み方をすると、周囲から顰蹙（ひんしゅく）をかう　天王寺駅　1977年3月9日
撮影／荒川好夫

「JNRマーク」を外す

特急電車381系の「JNRマーク」を
取り外す吹田工場の職員
1987年3月6日　撮影／高木英二

"国鉄最大最後の作業"は
本社ビルの銘板外し

　1958(昭和33)年の制定以来(76ページ参照)30年近く親しまれてきた「JNRマーク」だが、「国鉄最後の日」となる1987(昭和62)年3月31日が近づくと、車体から外す作業が各工場などでたけなわとなった。「その日」までにどうしても済ませておかなければならない作業は、「JNRマーク」の取り外しだけでも膨大な数に上る。各現業職場はてんやわんやだったが、その間も列車はダイヤどおりに走らせ続けなければならない。長年親しみさまざまな努力を続けてきながら、分割民営化を節目として職場を去ることを決めていた人の数は、いわゆる「キャリア組」から一現業職員まで含め、けっして少なくなかった。スケジュールの厳しさによる体の疲れに、やるせない心情が加わっていたであろうに、最後の「国鉄マン」たちが自らの業務をないがしろにすることはなかった。大きな事故が発生することはなく、3月31日が明けた。"国鉄最大最後"となるはずの作業は、東京・丸の内の国鉄本社ビル入りロの壁面から杉浦喬也・10代総裁と橋元雅司副総裁が、「日本国有鉄道 JAPAN NATIONAL RAILWAYS」の銘板を取り外す"セレモニー"にすぎないものだった。

国電から
E電へ

定着せず"昭和の死語"
代表とされた「E電」

　「国鉄の電車」を示す略称・愛称として「国電」が長く親しまれてきたが、分割民営化の論議のなかで「国鉄とは別会社」とされて発足したJR東日本にとって、そのまま継続して使えるものではなかった。JR東日本は分割民営化直後の1987（昭和62）年4月20日から5月5日にかけて、国電に代わる新たな愛称を一般公募した。応募数の1位は「民電」、2位「首都電」、3位「東鉄」などと続き、20位に「E電」があった。山之内秀一郎副社長ら役員6人に作曲家の小林亜星、写真家の沼田早苗両氏を加えた選考委員会が決定したのは「E電」で、5月14日に発表された。JR東日本側は「『E電』にはEast（東）、Electric（電気）、Enjoy（楽しむ）、Energy（エネルギー）などの意味が込められている」と選考理由を説明したが、利用者を含む大多数の人たちの反応は"いまイチ"どころか"大不評"だった。「E電」の標記はあちこちに使われたもののまるで定着せず、社外一般で用いられることはほとんどなかった。「E電」は、"昭和を代表する死語"としてメディアにたびたび取り上げられる存在とされている。

「国電→E電」のヘッドマークを掲げて走るJR東日本山手線の205系　東京〜有楽町間　1987年5月16日　撮影／髙木英二

写　真

レイルウエイズグラフィック

鉄道写真に特化したフォトライブラリー。
旧国鉄本社広報部の専属カメラマンと
して国鉄が民営化した直後まで広報・
宣伝用写真撮影に従事した、代表の荒川
好夫氏が撮影し続けてきた写真を中心に、
昭和から現代に至るまでの豊富な鉄道写
真をストックする。特に国鉄時代の写真の
数々は、今となっては見ることのできない
貴重なものが多く、記録資料としての価値
も高い作品を数多く未来へ伝える。本書
のシリーズ『滅びゆく鉄道名場面』(天夢人
刊) でも写真協力をしている。

http://rgg-photo.net/

失われゆく
国鉄名場面

2022年9月28日　初版第1刷発行

STAFF

編　　　集　　真柄智充(「旅と鉄道」編集部)

デ ザ イ ン　　安部孝司

写　　　真　　レイルウエイズグラフィック

　　文　　　　武田元秀

編　　　者　「旅と鉄道」編集部
発　行　人　勝峰富雄
発　　　行　株式会社 天夢人
　　　　　　〒101-0051　東京都千代田区神田神保町1-105
　　　　　　https://www.temjin-g.com/
発　　　売　株式会社 山と溪谷社
　　　　　　〒101-0051　東京都千代田区神田神保町1-105
印刷・製本　大日本印刷株式会社

■内容に関するお問合せ先
「旅と鉄道」編集部　info@temjin-g.co.jp　電話 03-6837-4680
■乱丁・落丁のお問合せ先
山と溪谷社カスタマーセンター　service@yamakei.co.jp
■書店・取次様からのご注文先
山と溪谷社受注センター　電話048-458-3455　FAX048-421-0513
■書店・取次様からのご注文以外のお問合せ先
eigyo@yamakei.co.jp

■ 定価はカバーに表示してあります。
■ 本書の一部または全部を無断で複写・転載することは、
　著作権者および発行所の権利の侵害となります。

旅鉄BOOKS 27 　　　　高橋政士・松本正司 著
A5判・176頁・1980円

国鉄・JR 機関車大百科

蒸気機関車と輸入機関車は、小史として各形式のエピソードを交えて紹介。旧型電気機関車は、技術的に関連する形式をまとめて関係が理解しやすい構成。新型・交流・交直流電気機関車、ディーゼル機関車は形式ごとに解説。技術発展がめざましいJR世代の機関車も詳しく紹介する。

旅鉄BOOKS 35 　　　　「旅と鉄道」編集部 編
A5判・160頁・1980円

小田急LSEの伝説

小田急ロマンスカー・7000形LSEは、展望席、豪華で快適な内装、バーミリオンオレンジの外観、そして連接構造で絶大な人気を集め、私鉄特急の代名詞的存在だった。小田急電鉄の全面協力を得て、内外装の取材のほか、技術者や運転士のインタビュー、貴重な写真や図版を掲載。

旅鉄BOOKS 38 　　　　「旅と鉄道」編集部 編
A5判・160頁・1980円

貨物鉄道読本

身近だけど乗れない鉄道……貨物鉄道。日本最大の貨物駅「東京貨物ターミナル駅」を徹底取材。さらに貨物列車を牽く機関車の形式解説や、主要コンテナおよびコキ車の解説などを掲載。貨物鉄道にまつわる基礎知識も解説しているので、貨物鉄道に詳しくなりたい人にもお勧め。

旅鉄BOOKS 40 　　　　小寺幹久 著
A5判・160頁・1980円

名鉄電車ヒストリー

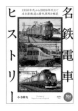

名岐鉄道と愛知電気鉄道が合併して発足した名古屋鉄道（名鉄）。合併時に承継した車両の晩年の姿や、いもむしこと3400系や7000系パノラマカーなどの名車、最新の2000系や9500系、さらに機関車や貨車まで形式ごとに解説。名鉄車両の系譜を体系立てて紹介する。初出写真も多数掲載。

「旅と鉄道」編集部 編　B5判・192頁・2530円

滅びゆく鉄道名場面

トレインマークの交換や、踏切を上げ下げする保安係、サボ収納室など、かつては当たり前にあった鉄道の名場面を、鉄道に特化したフォトライブラリー「レイルウエイズグラフィック」所有の写真で振り返る一冊。特に、往時の鉄道員たちが働く姿は必見。当時の鉄道事情や、システムなどの解説で懐かしく鉄道文化を振り返ることができます。

旅鉄車両ファイル 2 　　　　佐藤 博 著
B5判・144頁・2750円

国鉄 151系 特急形電車

1958年に特急「こだま」でデビューした151系電車（登場時は20系電車）。長年にわたり151系を研究し続けてきた著者が、豊富なディテール写真や図面などの資料を用いて解説する。先頭形状の変遷を描き分けたイラストは、151系から181系へ、わずか24年の短い生涯でたどった複雑な経緯を物語る。

旅鉄車両ファイル 3 　　　　「旅と鉄道」編集部 編
B5判・144頁・2530円

JR東日本 E4系 新幹線電車

2編成併結で高速鉄道で世界最多の定員1634人を実現したE4系Max。本書では車両基地での徹底取材、各形式の詳細な写真と形式図を掲載。また、オールダブルデッカー新幹線E1系・E4系の足跡、運転士・整備担当者へのインタビューを収録し、E4系を多角的に記録しています。

旅鉄車両ファイル 4 　　　　「旅と鉄道」編集部 編
B5判・144頁・2750円

国鉄 185系 特急形電車

特急にも普通列車にも使える異色の特急形電車として登場した185系。0番代と200番代があり、特急「踊り子」や「新幹線リレー号」、さらに北関東の「新特急」などで活躍をした。JR東日本で最後の国鉄型特急となった185系を、車両面、運用面から詳しく探求する。

発行：天夢人Temjin　発売：山と溪谷社　　　　　　　価格はすべて10%税込